中国大企业税收研究所年度报告

税收不确定性

土地增值税疑难案例解析及政策建议

中国大企业税收研究所 组编

王 庆 主编

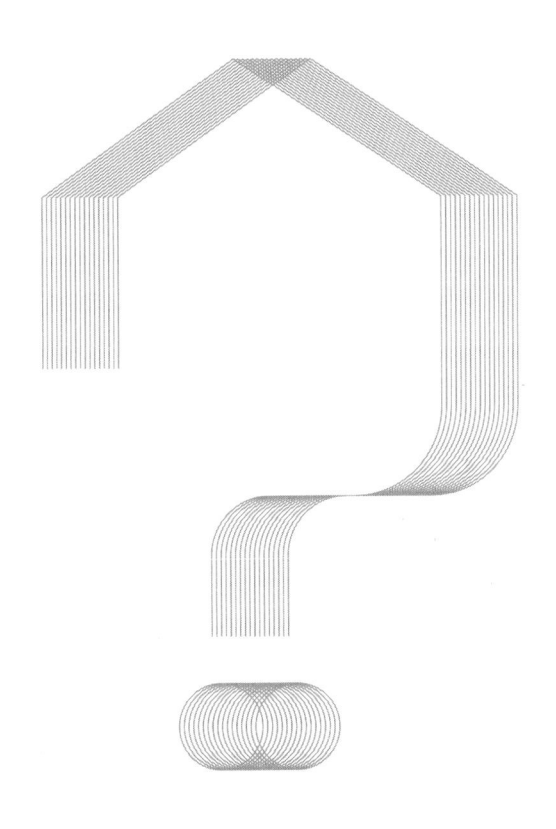

中国人民大学出版社

·北京·

编委会

主　编：王　庆

副主编：吴东明　孙　洋

编　委（按姓氏笔画排序）：

丁国全　王　庆　王大明　韦国庆　田海涛　代　欣
兰　光　许　智　孙　洋　李元昱　李良平　李春苗
杨　樱　杨静波　肖朝晖　吴　成　吴东明　何杰伦
张　麒　张　巍　张海武　陈　樑　陈玲玲　苗　为
卓立峰　周　淼　胡利民　钱　程　徐明蔚　郭　瑜
郭向晨　魏　斌

序 言
PREFACE

税收治理，是税企的一场双向奔赴

看到凝结着税务机关、房地产头部企业和中国大企业税收研究所诸多专家心血的成果即将出版，令人不禁感慨万千！对于参与编写此书的所有人而言，这本书不仅是关于土地增值税疑难问题探讨的成果，更是税收治理方式的一次全新尝试。

本书的背景

实践证明，中国的大企业税收改革绝对不是（也绝不应该是）税务机关的"独角戏"。特别是在税收治理方面，应该是税企双方相互奔赴的过程。只有这样，税务机关的征管成本和大企业的遵从成本才能得到大幅度降低，从而实现双方的共赢——这其实也是大企业税收改革的目的所在。

不过，现实情况要复杂得多。"双向奔赴"在很多时候似乎是一种理想状态。基于此，我们开始考虑选择一个有代表性的行业做一次试验，看看在满足哪些特定条件的前提下，税企双方能够实现双向奔赴。特别是作为大企业税收改革的相对方，是否会坦诚地向税务机关披露自己的问题，并与之共同探讨解决问题的方案。

几经讨论，我们最终决定邀请房地产行业较有影响力的20家头部企业的财税负责人，于2018年组建了一个税收实务研究小组——我们称之为T20①，并开展了一系列研讨活动。②我们在交流中发现，大企业的财务总监或税务总监的最大关切就是税收不确定性。如果与税务机关的充分沟通可以在一定程度上解决税收不确定性问题，大企业是非常乐意"奔"向税务机关的。

根据吉德林法则，把要解决的问题清楚地写出来，问题就解决了一半。基于此，房地产行业T20近年来的一项重要任务，就是把行业共性的涉税问题清楚地列出来。本书其实就是房地产行业T20所列问题清单的土地增值税部分。我们希望对这些问题进行梳理和分析，为解决行业共性问题提供一个"靶子"。

我们深知，房地产行业税收不确定性问题的产生有很多客观的原因，特别是在土地增值税很多具体问题的处理口径上，各地存在较大差异。这种差异一方面来自土地增值税条例给各地的授权，另一方面来自各地经济发展的平衡——这两个方面是相互交织、互为因果的。从这个意义上说，解决土地增值税诸多不确定性问题并非易事。即便如此，我们依然觉得有必要先把问题清单列出来。至于

---

① T20中的"T"，既指代"top"，也指代"tax"。
② 关于T20的成立过程和重点活动，《大企业税收改革手记》一书中有详细介绍。

序言

如何解决，解决到什么程度，可以逐步探索。

本书的内容

本书的内容主要分为两大部分：一是房地产企业常见税收问题与政策分析；二是吉林财经大学中国大企业税收研究所的研讨成果及部分编委的个人成果。

本书的第一部分逐个分析了土地增值税清算单位的选择、增值税清算后续税务问题、营改增后土地增值税清算收入确认与土地成本扣除等20个问题。在分析每个问题的过程中，大体按照业务背景、相关政策、各地口径、疑难分析、编者建议等五个方面进行阐释。要特别强调的是，在"编者建议"部分，T20成员力求遵循立法原则，探讨合理又合法的解决方案，并不是以减少税款为目的——关于这一点，在T20的历次研讨中，都得到了与会税务干部的高度评价。

本书的第二部分主要是关于《中华人民共和国土地增值税法（征求意见稿）》（以下简称《征求意见稿》）的两份建议报告。其中，第一份报告是针对《征求意见稿》逐条提出的修改建议，第二份报告对《征求意见稿》没有涉及但T20认为比较重要的共性问题进行了深入分析，并提出了相应的建议。在这部分中，我们收录了王庆、吴中兵、魏斌发表的《REITs业务的税收分析与政策建议》，同时收录了王庆和苗为发表的《无产证地下车位流转的业务实质及税收处理分析》。

致谢

我们要感谢吉林财经大学党委书记孙杰光,感谢他对中国大企业税收研究所的发展给予大力支持,这让我们有足够的信心和勇气去做我们认为重要的事情。

我们要感谢国家税务总局、部分省局和市局有关领导的大力支持,每次研讨都能派出资深的业务骨干参与讨论,确保了我们有关房地产土地增值税的讨论始终能够顾及征纳双方的关切,从而保持理性与建设性。

我们要感谢所有参与本书议题研讨的T20成员。在历次研讨过程中以及本书成稿的过程中,大家在繁忙的工作之余加班加点,付出了很多。特别是在顺德会议中,确定了各成员单位最终承担的课题,并按地域分成北京、上海、广东三个小组。三个小组在完成各自书稿撰写任务的同时,又对其他小组的稿件进行了交叉核对。特别值得一提的是,在撰写过程中,三个小组多次召开会议进行讨论,反复打磨细节,为本书的质量提供了可靠的保证。

我们还要感谢在本书成稿以及后期审核过程中付出辛劳的各位编委,感谢向我们提出宝贵意见的陈玉琢、田海涛、徐永辉、朱光磊、汪道平、魏斌、吴东明、孙洋等诸多业内专家。正是得到了他们的认可,我们才放心地把书稿付梓。

本书主编王庆研究员是一个做事非常认真的人。相信读过本书后，读者一定会对房地产企业土地增值税的疑难问题有更加全面、清晰而深刻的认识。

最后，欢迎大家对本书的内容提出宝贵意见，以便我们持续改进。

中国大企业税收研究所

目录
CONTENTS

上篇　常见问题与政策分析

土地增值税清算单位的选择　/　3

增值税清算后续税务问题　/　14

营改增后土地增值税清算收入确认与土地成本扣除　/　28

成本分摊方法的选择　/　37

地下建筑土地成本分摊　/　46

红线外支出的扣除　/　56

自持期间物业转让处理　/　66

土地增值税预征的计征依据　/　73

土地增值税预征率　/　79

财政返还的土地增值税处理　/　85

市政公用基础设施配套费和人防工程易地建设费土地增值税加计
　　扣除　/　89

与在建项目交易相关的土地增值税加计扣除　/　99

统借统还的利息支出扣除 / 107

税金及附加在土地增值税中的扣除 / 112

地方教育附加在土地增值税中的扣除 / 118

"计税价格明显偏低"和"无正当理由"如何界定 / 124

普通住宅认定标准滞后问题 / 127

普通住宅可否放弃免税优惠 / 130

无偿移交配建物业的土地增值税处理 / 140

诚意金是否应预征土地增值税 / 144

下篇　研讨成果

《中华人民共和国土地增值税法（征求意见稿）》修改建议
　　报告（一）/ 153

《中华人民共和国土地增值税法（征求意见稿）》修改建议
　　报告（二）/ 177

REITs业务的税收分析与政策建议 / 193

无产证地下车位流转的业务实质及税收处理分析 / 208

后　记 / 221

上篇

常见问题与政策分析

土地增值税清算单位的选择

房地产开发项目在进行土地增值税清算时,首先面临的就是清算单位的选择问题,目前税收政策对土地增值税清算单位的认定存在一些不明确之处,各地执行口径差异较大。

一、业务背景

房地产开发企业在开发项目达到清算条件后,需要按税法规定进行土地增值税清算。通常情况下,企业以国家有关部门审批的房地产开发项目作为清算单位,但各地执行口径不同,可能导致同一项目清算缴纳的土地增值税税金存在差异。

案例 <<<

甲公司在某市开发项目,A项目取得了一个建设用地规划许可证和两个建设工程规划许可证,B市土地增值税清算政策以建设工程规划许可证为清算单位,C市土地增值税清算政策则以建设用地规划许可证为清算单位。2018年,A项目达到了土地增值税清算条件，按照B市和C市的政策试分别进行土地增值税清算，甲公司应缴纳的税金测算分别如表1和表2所示。

表1　B市A项目土地增值税测算表　　　　单位：万元

期间	一期		二期		合计
物业形态	普通住宅	商业	普通住宅	商业	
收入总额	77 070.79	22 552.57	99 010.05	7 588.92	206 222.33
扣除项目总额	73 694.41	15 923.94	72 418.91	4 194.26	166 231.52
增值额	3 376.38	6 628.63	26 591.14	3 394.66	39 990.81
增值率	4.58%	41.63%	36.72%	80.94%	24.06%
应纳土地增值税	0.00	1 988.59	7 977.34	1 148.15	11 114.08

表2　C市A项目土地增值税测算表　　　　单位：万元

期间	一期和二期合并		
物业形态	普通住宅	商业	合计
收入总额	176 080.84	30 141.49	206 222.33
扣除项目总额	146 113.32	20 118.21	166 231.53
增值额	29 967.52	10 023.28	39 990.80
增值率	20.51%	49.82%	24.06%
应纳土地增值税	8 990.26	3 006.98	11 997.24

由表1和表2中的数据可知，在收入总额和扣除项目总额既定的情况下，若A项目在B市以建设工程规划许可证为清算单位，一期和二期分开清算，则测算出来A项目应纳土地增值税为11 114.08万元，其中普通住宅应纳土地增值税为7 977.34万元，商业应纳土地增值税3 136.74万元。

若 A 项目在 C 市以建设用地规划许可证为清算单位，一期和二期合并清算，则测算出来 A 项目应纳土地增值税为 11 997.24 万元，其中普通住宅应纳土地增值税为 8 990.26 万元，商业应纳土地增值税 3 006.98 万元。一期和二期合并清算与一期和二期分开清算相比，企业需要多缴纳土地增值税 883.16 万元。各地政策执行口径不一致，导致同一个项目土地增值税税负存在差异。

在对项目进行土地增值税清算时，企业如何选择清算单位，国家税务总局并没有特别明确的规定。在实践中，各地税务机关对土地增值税清算单位持有不同的观点：一些地方税务机关认为土地增值税的清算单位应该直接以建设工程规划许可证或其他证书作为划分的标准；还有部分税务机关认为土地增值税的清算单位可以在合理的前提下由企业自行选择，造成同期同类项目最终体现的土地增值税税负不一致。

二、相关政策

关于房地产开发企业土地增值税清算单位的规定，国家税务总局层面主要有《国家税务总局关于房地产开发企业土地增值税清算管理有关问题的通知》(国税发〔2006〕187 号)。该文第一条规定："土地增值税以国家有关部门审批的房地产开发项目为单位进行清算，对于分期开发的项目，以分期项目为单位清算。"

三、各地口径

地方规定主要分为四类。

第一类是直接引用国税发〔2006〕187号文的文字表述，没有对总局文件进行细化和解释。如《云南省地方税务局转发国家税务总局关于房地产开发企业土地增值税清算管理有关问题的通知》（云地税发〔2007〕180号，现已失效①）第二条规定："土地增值税以国家有关部门审批的房地产开发项目为单位进行清算，对于分期开发的项目，以分期项目为单位清算。"

第二类是对国税发〔2006〕187号文的文字表述进行了细化和解释，明确以主管部门颁发的证书作为清算单位。如《四川省地方税务局关于土地增值税清算单位等有关问题的公告》（四川省地方税务局公告2015年第5号）第一条规定："土地增值税以城市规划行政主管部门颁发的《建设工程规划许可证》所确认的房地产开发项目为清算单位。"（贵州、浙江、辽宁、重庆和山东等省市有类似规定。）

第三类是对国税发〔2006〕187号文的文字表述进行了细化和解释，明确纳税人分期的开发项目，可结合项目立项、规划等诸多条件与税务机关协商确定。如《国家税务总局广东省税务局土地增值税清算管理规程》（国家税务总局广东省税务局公告2019年第5号）

---

① 考虑到法律政策精神的延续性，书中提到了部分已失效的法律文件相关内容。

第十九条规定:"土地增值税以房地产主管部门审批、备案的房地产开发项目为单位进行清算。对于分期开发的项目,以分期项目为单位清算。具体结合项目立项、用地规划、方案设计审查(修建性详细规划)、工程规划、销售(预售)、竣工验收等确定。"

第四类是对国税发〔2006〕187号文的文字表述进行了细化和解释,明确纳税人分期的开发项目,可将自行分期项目确定为清算单位。如《江苏省地方税务局关于土地增值税若干问题的公告》(苏地税规〔2015〕8号)第一条规定:"土地增值税以国家有关部门审批、备案的项目为单位进行清算。对于国家有关部门批准分期开发的项目,以分期项目为单位进行清算。对开发周期较长,纳税人自行分期的开发项目,可将自行分期项目确定为清算单位,并报主管税务机关备案。"(新疆、内蒙古和深圳等地有类似规定。)

表3统计了部分省份/城市土地增值税清算单位的规定。

表3 部分省份/城市土地增值税清算单位规定一览表

省份/城市	文件号	清算单位规定
湖南	湖南省地方税务局公告2014年第7号	土地增值税以国家有关部门审批的房地产开发项目为单位进行清算,原则上以《建设工程规划许可证》为依据确认清算单位
贵州	国家税务总局贵州省税务局2018年第12号	土地增值税以发改部门立项批复确定的房地产开发项目为清算单位。对于分期开发的房地产项目,以房地产开发企业取得的《建设工程规划许可证》确定的分期项目为单位进行清算

-7-

税收不确定性

续表

省份/城市	文件号	清算单位规定
浙江	浙江省地方税务局公告2014年第16号	土地增值税以国家有关部门审批的房地产开发项目为单位进行清算，对于分期开发的项目，一般以城市建设规划部门颁发的《建设工程规划许可证》所审批确认的分期项目为清算单位
辽宁	辽地税函〔2012〕92号	确定土地增值税清算单位时，地方税务机关应以发改委审批、备案确定的房地产开发项目作为清算单位；对于分期开发的项目，地方税务机关应以住建部门或国土规划部门下发的《建设工程规划许可证》确定的分期建设项目作为清算单位
厦门	厦门市地方税务局公告2016年第7号	土地增值税以国家有关部门审批、备案的项目为单位进行清算；对于分期开发的项目，以政府建设主管部门颁发的《建筑工程施工许可证》作为分期标准，以分期项目为单位清算
四川	四川省地方税务局公告2015年第5号	土地增值税以城市规划行政主管部门颁发的《建设工程规划许可证》所确认的房地产开发项目为清算单位
广东	国家税务总局广东省税务局公告2019年第5号	土地增值税以房地产主管部门审批、备案的房地产开发项目为单位进行清算。对于分期开发的项目，以分期项目为单位清算。具体结合项目立项、用地规划、方案设计审查（修建性详细规划）、工程规划、销售（预售）、竣工验收等确定
重庆	重庆市地方税务局公告2014年第9号	房地产开发以规划主管部门审批的用地规划项目为清算单位。用地规划项目实施开发工程规划分期的，可选择以工程规划项目（分期）为清算单位

续表

省份/城市	文件号	清算单位规定
山东	山东省地方税务局公告2017年第5号	主管地税机关应当依据国家有关部门审批、备案的项目，结合《建设用地规划许可证》《建设工程规划许可证》确定项目管理单位，对于分期开发的项目，应当以分期项目为单位进行管理
江西	赣地税发〔2013〕117号	新增的房地产开发项目的土地增值税清算单位应依据发展和改革委员会批准的项目文件确定
新疆	新疆维吾尔自治区地方税务局2016年第6号	土地增值税以国家有关部门（以规划部门为主，结合发改委、建设部门的相关项目资料）审批、备案的房地产开发项目（分期项目）为单位进行清算。对开发周期较长，纳税人自行分期的开发项目，可将自行分期项目确定为清算单位，并报主管税务机关备案
江苏	苏地税规〔2015〕8号	土地增值税以国家有关部门审批、备案的项目为单位进行清算。对于国家有关部门批准分期开发的项目，以分期项目为单位进行清算。对开发周期较长，纳税人自行分期的开发项目，可将自行分期项目确定为清算单位，并报主管税务机关备案。对同一宗地块上的多个批准项目，纳税人进行整体开发的，可将该宗土地上的多个项目作为一个清算单位，并报主管税务机关备案
内蒙古	内地税字〔2014〕159号	土地增值税清算以国家有关部门审批的房地产开发项目为单位进行清算，对于分期开发的项目，以分期项目为清算单位，原则上以《建设工程规划许可证》为依据确认清算单位。如果企业的分期与《建设工程规划许可证》不一致的，以企业的分期项目为清算单位

续表

省份/城市	文件号	清算单位规定
深圳	深圳市地方税务局公告2015年第1号	对开发期超过3年的项目，纳税人可以根据其开发进度，选择会计核算相对独立的部分进行分期清算，并将分期计划报送主管税务机关

四、疑难分析

1. 国家有关部门的界定

国税发〔2006〕187号文第一条规定，以"国家有关部门审批的房地产开发项目"为清算单位，文件中并未明确国家有关部门的指向。实践中，房地产项目立项由国家发展改革委、住房和城乡建设委员会共同审批；国有土地使用证、建设用地规划许可证和建设工程规划许可证由规划和自然资源委员会审批；建筑工程施工许可证和商品房预售许可证由住房和城乡建设委员会审批。

由于未明确"国家有关部门"指向，各地税务机关在执行中以立项、用地证、工规证、预售证作为清算单位的均有实践。

2. 项目分期的定义

国税发〔2006〕187号文并未对项目分期进行定义，如何界定项目是分期开发的，项目以什么为依据进行分期。对于分期开发的房地产项目，部分省市以建设工程规划许可证作为清算单位划分标准；部分省市以国土、规划等主管部门批准文书注明的分期分批项目作为清算单位划分标准；部分省市以房地产公司自行分期作为清算单位划分标准。这就造成同一地块不同楼栋土地增值税税负差异较大。

《中华人民共和国土地增值税暂行条例》（以下简称《土地增值税暂行条例》）第一条规定："为了规范土地、房地产市场交易秩序，合理调节土地增值收益，维护国家权益，制定本条例。"土地增值税以合理调节土地增值收益为目的，而土地的增值包括多个因素，如地理位置、周边配套、自然环境等，这些都必须依托某一个整体地块（一个地块系整体规划），而不是某一个整体地块的某一部分。因此，以项目中的某一期或某一个规证作为清算单位难以真正体现条例所明确的合理调节土地增值税收益的原则。

案例

乙公司在某市开发B项目，B项目取得一个建设用地规划许可证，该项目共10栋住宅，其中1栋至4栋办理了一个建设工程规划许可证，5栋至10栋办理了一个建设工程规划许可证。根据B项目的整体规划，该项目的基础设施和公共工程由10栋住宅共同享有。假定该市税务机关要求开发项目以建设工程规划许可证为清算单位，若1栋至4栋住宅提前销售并达到了清算条件，5栋至10栋住宅仍处于预售环节，在上述基础设施和公共工程尚未全部完工的前提下，直接以建设工程规划许可证对1栋至4栋住宅进行土地增值税清算。

清算时，如何确定1栋至4栋住宅应承担的基础设施和公共工程成本将存在实际操作困难。在实践中，将1栋至10栋作为一个统一的清算单位可能更符合项目开发的实际情况。

房地产开发项目在进行土地增值税清算时，国家有关部门颁发的建设工程规划许可证、立项批文或其他证书可以作为项目分期的重要参考，但不能作为划分清算单位的唯一标准。在确定房地产开发项目的清算单位时，应综合考虑证照、工程管理情况以及房地产成本核算对象等情况，才符合国税发〔2006〕187号文的立法精神。

3. 以建设工程规划许可证等规证为清算单位的实操阻碍

以建设工程规划许可证、建筑工程施工许可证等规证作为土地增值税清算单位在实操中往往因具有一定的不合理性而遇到阻力。比如，大多数省市均有以建设工程规划许可证为清算单位的政策规定，而房地产公司建设工程规划许可证的办理受多方面因素的影响，如项目业态规划、融资需求、地理条件、销售计划等等；部分省市建设工程规划许可证划分较细，要求一栋楼办理一个规证，导致一个项目可能有几十个规证。

一方面，建设工程规划许可证的办理受各种主观因素和客观因素的影响，作为清算单位的合理性与立法精神有出入；另一方面，对于划分较细的项目，以建设工程规划许可证为清算单位等同于以每一栋或几栋楼为清算单位，不具有实操性，也给税收征管带来了一定的障碍。因此，部分省市虽然明确规定以建设工程规划许可证为清算单位，但也有以分期等作为清算单位的实践。

五、编者建议

目前土地增值税清算单位的认定缺乏全国性统一的明确条文，有些地方出台的文件过于强调将证书作为清算单位的标准，而忽视了不同开发项目可能存在的特殊情况；有些地方出台的文件又过于依赖企业的职业判断，而忽视了企业和税务机关可能存在的操作和执法方面的税收风险。各地执行口径的较大差异，造成大型房地产开发企业在不同地方的开发项目在毛利率接近的情形下，土地增值税的税负产生差异，操作也异常复杂。

建议在国家税务总局层面对清算单位进行清晰明确的界定，尽量使不同地方的清算口径趋于一致，减小地方差异。

读者在实操时需要与主管税务机关进行充分的沟通，以降低税收风险。

增值税清算后续税务问题

房地产企业土地增值税清算工作一直都是税务部门和房地产开发企业面临的难点和痛点。清算业态复杂、资料整理困难、税收政策模糊等诸多问题，使得房地产项目土地增值税清算需要房地产开发企业与税务机关双方投入大量的人力与物力。

在当前土地增值税清算后续问题的实际处理中，依然存在一些不明确之处。例如，房地产开发项目公司达到清算条件并进行土地增值税清算后，继续支付并取得合法、有效凭证的支出，此时是否允许企业申请对曾经清算过的项目进行重新清算；清算后取得已清算项目的合法扣除凭证以及清算后实际支付的公共配套设施费是否允许二次清算；等等。本书针对以上问题以及土地增值税清算后续可能存在的税务风险进行了研究。

一、业务背景

在当前减税降费的大背景下，地方政府财政收入与支出责任不匹配的矛盾日益凸显。《中华人民共和国土地增值税法（征求意见稿)》进一步明确房地产开发企业清算模式将由税务局通知清算改为自行清算,这一举措使得房地产开发企业面临大量应清未清项目土地增值税集中清算,以及新达到可清算条件项目面临在大量工程款尚未支付完毕、大量发票还未收回的情况下被要求清算的情况,土地增值税清算的二次清算概率不断增加,因此对土地增值税清算后续税务问题处理的探讨具有重要的现实意义和理论价值。

案例

FX房地产公司于2009年起开发销售A项目(假设全部为非普通住宅),可售建筑面积为10万平方米,截至2012年5月底,已售建筑面积为9万平方米,占可售面积的90%,按照税务机关的要求,该公司办理土地增值税清算申报。

清算申报资料显示,取得土地使用权所支付的金额为8 000万元,房地产开发成本为22 000万元(不包括未开工的公共配套成本2 000万元),房地产开发费用按取得土地使用权和开发成本之和的10%扣除,转让房地产收入总额为54 000万元,已纳可扣除的与房地产有关的税金3 024万元。

(1)清算后发生的成本不允许进行扣除。

本次清算项目总成本=8 000+22 000=30 000(万元)

单位可售建筑面积成本=30 000÷10=3 000(元/平方米)

税收不确定性

按照国税发〔2006〕187号文规定,第一次清算时,计算可扣除项目金额合计。

可扣除的成本 = 3 000 元/平方米 × 9 万平方米 = 27 000 万元

可扣除项目金额 = 27 000 + 27 000 × 20% + 27 000 × 10% + 3 024
= 38 124(万元)

增值额 = 54 000 − 38 124 = 15 876(万元)

增值率为 41.64%,适用税率为 30%,应缴土地增值税为 4 762.8 万元。

该公司 2013 年 1 月公共配套建成后移交给相关部门,成本 2 000 万元,剩余 1 万平方米销售完毕,取得转让房地产收入 6 000 万元(假设二次销售价格没有变化),缴纳与转让房地产有关的税金 336 万元,按照国税发〔2006〕187 号文第八条规定,2013 年 1 月尾房销售后,则

可扣除项目金额 = 3 000 + 3 000 × 20% + 3 000 × 10% + 336
= 4 236(万元)

增值额 = 6 000 − 4 236 = 1 764(万元)

增值率为 41.64%,适用税率为 30%,应缴土地增值税为 529.2 万元。

(2) 房屋全部销售完毕后,采用"二次清算"模式,以第一次

清算为基础，允许扣除第一次清算后发生的所有成本。

分析计算如下：

全部销售收入＝54 000＋6 000＝60 000（万元）

全部与房产转让有关的税金＝3 024＋336＝3 360（万元）

全部可扣除成本＝8 000＋22 000＋2 000＝32 000（万元）

全部可扣除项目金额＝32 000＋32 000×20％＋32 000×10％＋3 360

＝44 960（万元）

增值额＝60 000－44 960＝15 040（万元）

增值率为37.43％，适用税率为30％，应缴土地增值税为4 512万元。

与上述分次清算的差异＝4 512－4 762.8－529.2＝－780（万元）

差异的主要原因为二次清算时的成本得到了扣除。为简化计算并未考虑售价的变化、普通住宅与非普通住宅的差异、增值税改变等实务中经常遇到的情况，如考虑实际情况，最终清算结果带来的差异更大。（营改增后，税金会有重大出入。）

二、相关政策

国家税务总局及部分省市土地增值税清算文件见表1。

税收不确定性

表1　国家税务总局及部分省市土地增值税清算文件一览表

年份	政策
2006	《国家税务总局关于房地产开发企业土地增值税清算管理有关问题的通知》 (国税发〔2006〕187号)①（2018年对部分条款进行了修改）
2008	《国家税务总局关于进一步开展土地增值税清算工作的通知》 (国税函〔2008〕318号)
2009	《国家税务总局关于印发〈土地增值税清算管理规程〉的通知》 (国税发〔2009〕91号)（2016年对部分内容进行了修改）
2010	《国家税务总局关于加强土地增值税征管工作的通知》 (国税发〔2010〕53号)
2010	《国家税务总局关于土地增值税清算有关问题的通知》 (国税函〔2010〕220号)
2013	《国家税务总局关于进一步做好土地增值税征管工作的通知》 (税总发〔2013〕67号)
2014	《海南省地方税务局关于房地产公司清算后销售剩余房产纳税风险提示的公告》 (海南省地方税务局公告2014年第1号)（2018年对部分条款进行了修订）
2014	《重庆市地方税务局关于土地增值税若干政策执行问题的公告》 (重庆市地方税务局公告2014年第9号，部分失效)

---

① 《国家税务总局关于房地产开发企业土地增值税清算管理有关问题的通知》(国税发〔2006〕187号)第八条规定，在土地增值税清算时未转让的房地产，清算后销售或有偿转让的，纳税人应按规定进行土地增值税的纳税申报，扣除项目金额按清算时的单位建筑面积成本费用乘以销售或转让面积计算（单位建筑面积成本费用＝清算时的扣除项目总金额÷清算的总建筑面积）。纳税人已清算项目继续销售的，应在销售的当月进行清算，不再先预征后重新启动土地增值税清算。对一个开发项目清算后，剩余的房产再转让不能再单独作为一个清算单位计算土地增值税。

－18－

续表

年份	政策
2016	《北京市地方税务局土地增值税清算管理规程》 (北京市地方税务局公告 2016 年第 7 号，部分失效)
2016	《青岛市地方税务局关于发布〈房地产开发项目土地增值税管理办法〉的公告》 (青岛市地税局公告 2016 年第 1 号)
2019	《国家税务总局广东省税务局土地增值税清算管理规程》 (国家税务总局广东省税务局公告 2019 年第 5 号)

三、各地口径

通过梳理各地方税务局文件，目前地方规定主要分为两类：第一类以湖北、北京、广西、大连、青岛为代表，允许二次清算；第二类以重庆、浙江、湖南为代表，规定将清算后发生的成本计入清算后再转让的房地产中扣除。

1. 湖北省土地增值税实操层面后续管理允许二次清算

纳税人达到清算条件并进行土地增值税清算后，若继续支付并取得合法、有效凭证的支出，可申请二次清算，但所有成本、费用必须均已全部发生完毕。主管税务机关可根据实际情况重新调整扣除项目金额并调整应纳土地增值税税额，二次清算后，纳税人不得再要求进行土地增值税清算。

2. 重庆市将清算后发生的成本计入清算后再转让的房地产中扣除

《重庆市地方税务局关于土地增值税若干政策执行问题的公告》

(重庆市地方税务局公告 2014 年第 9 号，以下简称第 9 号公告）对房地产企业土地增值税清算后续征管做出了如下规定：

（1）关于申报问题。

清算后转让房产土地增值税应按月计算，于次月征收期内申报缴纳；清算后转让房产涉及成本、费用后续扣除的，土地增值税按月预缴、按年计算，于年度终了后十五日内申报，在主管税务机关规定的期限内缴纳。

（2）关于税金扣除问题。

第 9 号公告第一条第（五）项规定，清算后转让房产的土地增值税清算采取查账征收方式计算扣除额的，应把税金从单位面积成本费用额中扣除，故单位建筑面积成本费用额＝清算成本费用额（不含转让房产有关税金及附加）÷清算可售建筑面积，清算后转让扣除额＝单位建筑面积成本费用额×本期转让面积＋本期转让房产有关税金及附加。

可见，采取查账征收方式清算，清算后转让房产对已清算的结果不做调整，继续将清算时确认的各房产类型单位建筑面积成本费用额作为扣除计算依据，单独计算税款。由于清算时的税金仅对应已销售房产部分，根据匹配原则计算"单位面积成本费用额"需扣除税金，因此在计算清算后转让房产扣除额时，应将这部分实际发生的税金还原计入。

（3）关于后续支出扣除问题。

因房地产行业的特殊性，土地增值税清算时房地产项目会存在一些支出未发生、未支付或是有些应付未付的成本费用，第 9 号公告第一条第（五）项第 2 点对后续发生的支出费用做出了明确规定：清算时因未取得合法有效凭证而未能认定的成本项目（以下简称未定成本项目），清算后若取得合法有效凭证应按房产类型归集至"后续成本额"，可在当期清算后转让房产应纳税额计算过程中准予后续扣除。

$$\frac{单位建筑面积}{成本费用额}=清算认定（或上期累计）单位建筑面积成本费用额＋本期后续成本额÷清算可售建筑面积$$

$$\frac{清算后转让}{扣除额}=\frac{单位建筑面积}{成本费用额}\times\frac{本期转让}{面积}＋\frac{本期转让房产}{有关税金及附加}$$

纳税人在清算申报时应对"未定成本项目"进行附加说明，主管税务机关在清算审核时一并核实确认，否则相关成本不予以后续扣除。

3. 青岛市可以调整清算申报审核结论

《青岛市地方税务局关于发布〈房地产开发项目土地增值税管理办法〉的公告》（青岛市地税局公告 2016 年第 1 号）第六十五条对房地产企业土地增值税清算后发生的成本，做出了如下规定：

> 房地产开发企业有下列情形之一的，可在自收到清算结论后三年内向主管税务机关进行申报，经主管税务机关审核属实的，调整清算申报审查结论：
>
> （一）清算申报审核完毕的开发项目又发生成本、费用的；
>
> （二）取得清算申报时尚未取得的扣除项目相关凭证的。

税收不确定性

四、疑难分析

1. 政策确定性尚待增强可能导致的风险

房地产开发企业开发项目竣工后不一定能在短期内售完，土地增值税清算尽管能够计算出单位建筑面积成本，但是最终收入总额仍未知，继而会影响到该项目各产品类型的增值额和税率。

由于土地增值税是一个地方性税种，各地税务机关对剩余房产土地增值税的征收管理做出了不少存在较大差异的规定。如浙江省规定项目清算后销售或有偿转让的，按已清算部分的税率计算缴纳土地增值税；湖北省和安徽省规定，纳税人清算后，仍有后续支出且取得合法、有效凭证，所有成本费用又全部发生完毕的，可申请二次清算；重庆市规定，房地产企业清算后剩余房产销售或有偿转让的，按后续销售所取得的收入与所发生的实际成本对应增值率计算土地增值税税款，税金能够据实扣除。

国家税务总局〔2006〕187号文对于剩余房产销售或有偿转让的是否可以和初次清算房产合并进行二次清算，并允许调整未予以明确，税务部门可根据实际情况重新调整扣除项目金额及应纳税额。

各省市税务机关需要制定出符合当地房地产市场环境的税收政策，这对基层税务人员提出了较高的职业道德要求、较强的职业素养和专业技能要求。

2. 政策落实程度不一引发的涉税风险

税收征管中土地增值税清算政策落实不到位可能会导致税负不

公平和基层税务机关自由裁量权过大的弊病。税务机关对房地产企业剩余房产土地增值税的后续管理中，不乏放松管制，没有认真履行监督企业按月或按季预缴申报和清算的职责的现象。有的为简化清算工作，剩余房产土地增值税简单地按一个较低的预征率预征后充塞为清算结果。不同地方开发项目，土地增值税预缴不同，出现了应清算退税的不清算退税，或应清算补税的未补税；在税收征管力量较为薄弱的个别地方，出现了应征收的税款没有征收到位，不应征收的预征过了头又拒不退税的现象。

五、口径探讨

1. 后续销售清算单位的确定

国税发〔2006〕187号文规定，土地增值税以国家有关部门审批的房地产开发项目为单位进行清算，对于分期开发的项目，以分期项目为单位清算。也就是说，土地增值税以一个项目为单位进行清算，对属于同一清算单位所发生的房地产开发成本费用，不得从其他的房地产开发项目中扣除，对同一项目也不适合作为两个清算单位，所以，对一个开发项目清算后，剩余的房产再转让不能再单独作为一个清算单位计算土地增值税。

2. 后续销售增值率高于或低于土地增值税清算时增值率的处理

国税发〔2006〕187号文规定了扣除项目的计算，但对适用的税率没有明确规定。清算前期已售部分与清算后期销售部分，尽管单位建筑面积成本是相同的，但增值率未必一样。例如，清算时住宅售价 3 000 元/平方米，后期实际销售价 5 000 元/平方米，假如之前可以享受普通住宅优惠，后期销售就不一定能享受，直接影响到税率的选择。

土地增值税首次进行清算之后，再销售是一个独立的销售行为，是建立在首次清算确认过单位建筑成本费用的基础之上的。因此，土地的增值额、增值率很容易计算出来，适用税率也容易确定，套用公式即可，且计算过程非常简便，便于税务人员的税收管理征管，可以将房产全部收入减去全部可以扣除的成本得出增值率，确定一个统一的税率来计算尾盘的土地增值税。

更重要的是，一个开发项目销售完毕后，对于一个项目清算的土地增值额、增值率和应纳土地增值税应是唯一的，不应该有两个以上的结果。因此，在清算土地增值税时，按照该方法进行通盘考虑综合计算，并不违反相关规定。

3. 土地增值税清算后，后续成本费用的扣除

国税发〔2006〕187 号文第八条规定，"在土地增值税清算时未转让的房地产，清算后销售或有偿转让的，纳税人应按规定进行土地增值税的纳税申报，扣除项目金额按清算时的单位建筑面积成本费用乘以销售或转让面积计算。单位建筑面积成本费用＝清算时的扣除项目总金额÷清算的总建筑面积"，但这里的"清算时的扣除项目总金额"中包含了清算时应扣除的相应税费。在"清算时的扣除项目总金额"中，除了税费是随着销售收入的变动而变动的，其他扣除项目金额应保持前后一致。因此重新计算增值率时，不能笼统的以已销售的成本费用和税金作为总的扣除项目，而应根据尾盘销售后实际发生的销售收入计算相应的扣除税金。

实行"营改增"后，土地增值税应税收入按照不含税收入确认，允许扣除的税金包括城市维护建设税、教育费附加、地方教育附加。以销售房地产老项目为例，正确计算缴纳土地增值税的方法应为：先求当期增值额，根据增值额重新计算增值率，对照相应的税率计算当期应纳的土地增值税税额。

> 当期增值额＝当期不含税销售收入－（清算时的扣除项目总金额－清算时扣除的税费）÷清算时总建筑面积×当期销售建筑面积－当期不含税销售收入×5%×（城市维护建设税税率＋教育费附加费率＋地方教育附加费率）

4. 土地增值税清算后，后续公共配套设施费的扣除

土地增值税相关政策规定，对非营利的公共配套设施，组成房地产开发成本的，应当在计算土地增值税时予以扣除，同时可作为房地产开发费用定率扣除的基数，还可以作为房地产开发企业加计扣除的基数。如果非营利的公共配套设施为多个开发项目共有，对后续发生的支出应当按该房地产开发项目的建筑面积占总建筑面积的比例或其他合理的方法进行分摊。

但《中华人民共和国土地增值税暂行条例实施细则》（以下简称《土地增值税暂行条例实施细则》）（财法字〔1995〕6号）第八条规

定,土地增值税以纳税人房地产成本核算的最基本的核算项目或核算对象为单位计算;国税发〔2006〕187号文规定,土地增值税以国家有关部门审批的房地产开发项目为单位进行清算,对于分期开发的项目,以分期项目为单位清算。

也就是说,土地增值税是基于一个清算单位进行的清算,对属于同一清算单位所发生的房地产开发成本费用不得从其他的房地产开发项目中扣除。所以,已清算项目后期应分摊的地块公共配套设施支出,如果不二次清算,无法扣除。

六、编者建议

国税发〔2006〕187号文以及其他相关的土地增值税政策法规对剩余房产销售土地增值税清算都只给出计算的基本原理,对一些具体问题的规定不够明确。对已清算过的项目尾盘管理,该文件规定按清算时的单位建筑面积成本费用乘以销售或转让面积来计算。此规定虽便于税收管理,但按此公式计算出的可扣除总额较为粗略,往往会有偏差。

以湖北省为代表的"二次清算"模式参照应清算条件下的清算管理政策,在开发房屋的销售中,纳税人根据房产类型分期分类清算、预缴土地增值税,并在清算中作为已缴税款抵减应纳土地增值税税款,累计预缴税款超过清算应纳税款的部分予以退还。在房地产企业剩余房产的实际销售中,余房销售零散,至全部销售完毕周期可能很长,不便于清算管理,税务机关可要求房地产企业按月申报，余房销售土地增值税采用预征率清算，规定剩余房产在销售时以当月销售总量为单位预缴税款。

全部余房销售结束后的土地增值税清算，是从可清算项目到应清算项目的回归，归集余房销售过程中销售收入、可扣除项目金额、预缴税款等数据与原清算数据合并，整体计算清算项目应纳税款，并做出补退税款的决定。

从理论上来看，"二次清算"模式更有利于解决实际征管中遇到的清算难题，有利于实现清算项目土地增值税税额的唯一性和确定性，有利于保障纳税人和税务机关双方公正合法的经济权益，促进房地产市场健康快速发展。

建议全国人民代表大会、财政部和国家税务总局今后在进行土地增值税法规的修订时，将预缴和清算的管理办法作为土地增值税立法的配套文件，这有利于减小房地产开发企业和主管税务机关在进行操作时的不确定性和区域差异，提高全行业的税法遵从度。

营改增后土地增值税清算收入确认与土地成本扣除

为完善房地产开发企业获取土地阶段的增值税抵扣链条，营改增后房地产开发企业一般纳税人可适用土地价款差额征税，改变了房地产开发企业收入和成本的构成，但国家并未出台文件对土地增值税清算收入与土地成本扣除等问题进行明确。

一、业务背景

营改增后，由于增值税价外税的属性，房地产开发企业在会计、增值税、土地增值税、企业所得税确认收入和扣除项目的计税基础并不统一，本书重点就土地成本抵减销售额减少的销项税额在收入和成本中的处理进行探讨。

清算收入确认方面，营改增后房地产开发业务流转环节由营业税时期的价内税变为价外税，财税〔2016〕36号文明确房地产开发企业一般纳税人可适用差额征税，以扣除土地价款后的余额为销售额。按财会〔2016〕22号的精神，土地价款可扣减销项税额并冲减主营业务成本。但未有财税文件对营改增后的土地增值税清算收入进行明确。

对于土地成本扣除,《土地增值税暂行条例实施细则》第七条规定,取得土地使用权所支付的金额,是指纳税人为取得土地使用权所支付的地价款和按国家统一规定交纳的有关费用。土地行政主管部门代表政府在出让土地使用权后开具财政票据,无法开具增值税专用发票,导致开发企业不能按规定进行抵扣。为了体现增值税链条扣税原则,平衡企业获取土地环节的税负,营改增后规定计征增值税时,土地成本在销售额中进行扣除。但土地增值税清算时,土地成本是否需做价税分离却并未明确。

当前房地产开发企业一般计征项目陆续达到土地增值税清算条件,各地税务机关对土地增值税清算收入是否包含土地价款抵减的销项税额、土地成本是否做相应调整的处理并不统一。

二、相关政策

1. 清算收入确认

营改增后,房地产销售收入需进行价税分离,土地增值税清算收入的确认也可能随之发生变化,相关政策规定如表1所示。

表1 土地增值税清算收入确认的相关政策

文件名称	主要条款	收入确认原则
《土地增值税暂行条例实施细则》	土地增值税收入包括转让房地产的全部价款及有关的经济收益	全部价款及有关的经济收益

续表

文件名称	主要条款	收入确认原则
《国家税务总局关于土地增值税清算有关问题的通知》(国税函〔2010〕220号)	土地增值税清算时,已全额开具商品房销售发票的,按照发票所载金额确认收入;未开具发票或未全额开具发票的,以交易双方签订的销售合同所载的售房金额及其他收益确认收入	发票所载金额或销售合同所载的售房金额
《财政部、国家税务总局关于营改增后契税 房产税 土地增值税 个人所得税计税依据问题的通知》(财税〔2016〕43号)	土地增值税纳税人转让房地产取得的收入为不含增值税收入	不含增值税收入
《国家税务总局关于营改增后土地增值税若干征管规定的公告》(国家税务总局公告2016年第70号)	营改增后纳税人转让房地产的土地增值税应税收入不含增值税。适用增值税一般计税方法的纳税人,其转让房地产的土地增值税应税收入不含增值税销项税额;适用简易计税方法的纳税人,其转让房地产的土地增值税应税收入不含增值税应纳税额	一般计税方法:应税收入不含增值税销项税额;简易计税方法:应税收入不含增值税应纳税额

对于增值税销项税额,财税〔2016〕36号文第二十二条规定,销项税额是指纳税人发生应税行为按照销售额和增值税税率计算并收取的增值税额。对于转让房地产开发产品的销售额,《房地产开发企业销售自行开发的房地产项目增值税征收管理暂行办法》(国家税务总局公告2016年第18号)第四条规定,适用一般计税方法计税,按照取得的全部价款和价外费用,扣除当期销售房地产项目对应的土地价款后的余额计算销售额。

2. 土地成本确认

《财政部、国家税务总局关于营改增后契税 房产税 土地增值税 个人所得税计税依据问题的通知》(财税〔2016〕43号)第三条规定,土地增值税扣除项目涉及的增值税进项税额,允许在销项税额中计算抵扣的,不计入扣除项目,不允许在销项税额中计算抵扣的,可以计入扣除项目。

三、各地口径

基于土地价款抵减增值税销项税额部分的会计处理,理论上在确认土地增值税清算收入时应分为调整和不调整两类,确认土地成本时应分为含税和不含税两类,各地在具体执行时口径并不统一,只有广州市等少数地区通过发文的形式明确了相关政策。

《广州市地方税务局关于印发2016年土地增值税清算工作有关问题处理指引的通知》(穗地税函〔2016〕188号)规定,土地增值税清算收入按"(含税销售收入＋本项目土地价款×11％)÷(1＋11％)"确认,纳税人按规定允许以本项目土地价款扣减销售额而减少的销项税金,应调增土地增值税清算收入,不调减纳税人在土地增值税清算时确认的土地成本。

又如绍兴市税务部门的执行口径,营改增后一般计税方法下,纳税人因差额征税导致的少缴增值税额在会计处理上冲减成本,在确认土地增值税清算收入时应调增,但在土地增值税清算时不冲减成本。

四、疑难分析

增值税抵扣链条的设计是为了实现对增值部分进行征税，销售时计提销项，抵扣购买时承担的进项后缴纳增值税。营改增后，出让土地使用权属于增值税免税行为，且土地行政管理部门无法开具增值税专用发票，只能开具财政票据，不需要也不可能实现价税分离，故购买方也无法实现抵扣。

土地成本在房地产成本构成中占据了较高比例，若无法抵扣，营改增必然造成房地产行业税负的不合理大幅上升。通过在销售额中扣减全额土地成本的方式，间接实现土地成本抵扣的目的，也可理解为间接打通了土地成本的增值税抵扣链条。但抵减销售额和抵扣进项税在税收原理上有本质的差别，前者是全额成本的概念，而后者需要价税分离。

土地出让属于房地产行业生产要素的上游供给，从增值税抵减销售额的业务实质看，土地成本无法实现价税分离。在计算土地增值税土地成本扣除金额时若进行价税分离，不符合增值税差额征收的税法精神和基本原理。结合财税〔2016〕43号文规定，不允许在销项税额中计算抵扣的，可以计入扣除项目。因此，在计征土地增值税时，对土地成本的确认应该以土地的成交价格为依据，无须价税分离。

1. 对财税文件精神的探讨

营改增后，为明确土地增值税清算收入的计算，财税〔2016〕

43号文规定，土地增值税纳税人转让房地产取得的收入为不含增值税收入。如何确认不含增值税收入需要其他财税文件的解释，而一般意义上的不含增值税收入应指含税收入减除增值税销项税额的收入。国家税务总局公告2016年第70号也明确了适用增值税一般计税方法的纳税人，其转让房地产的土地增值税应税收入不含增值税销项税额。

按照财税〔2016〕36号文规定，销项税额是指纳税人发生应税行为，按照销售额和增值税税率计算并收取的增值税额。鉴于房地产行业的特殊性，国家税务总局公告2016年第18号规定，房地产开发企业中的一般纳税人销售自行开发的房地产项目，适用一般计税方法计税，按照取得的全部价款和价外费用，扣除当期销售房地产项目对应的土地价款后的余额计算销售额。重新定义销售额后，销项税额必然也会发生变化，在不考虑此后增值税税率调整的情况下，推导公式如下：

$$销售额 = \left(\begin{array}{c}全部价款和\\价外费用\end{array} - \begin{array}{c}当期允许扣除的\\土地价款\end{array}\right) \div (1+11\%)$$

$$销项税额 = \left(\begin{array}{c}全部价款和\\价外费用\end{array} - \begin{array}{c}当期允许扣除的\\土地价款\end{array}\right) \div (1+11\%) \times 11\%$$

因此，从现行政策的连续性和财税文件对同一纳税事项的关联处理来看，销项税额属于增值税文件规范的具体税收要素，在按照国家税务总局公告2016年第70号计算土地增值税清算收入时，销项税额应按照财税〔2016〕36号文和国家税务总局公告2016年第

-33-

18号的原理来计算，土地增值税清算收入可按以下公式计算：

$$\begin{aligned}土地增值税\\清算收入\end{aligned} = 含税销售收入 - 销项税额$$

$$= 含税销售收入 - (含税销售收入 - 当期允许扣除的土地价款) \div (1 + 9\%) \times 9\%$$

$$= (含税销售收入 + 当期允许扣除的土地价款 \times 9\%) \div (1 + 9\%)$$

$$= 含税销售收入 \div (1 + 9\%) + 当期允许扣除的土地价款 \div (1 + 9\%) \times 9\%$$

通过上述公式可知，按照国家税务总局公告2016年第70号的要求计算，纳税人因当期土地价款抵减销售额而减少的销项税额，在计算土地增值税清算收入时进行了还原，应将这一部分作为土地增值税清算收入。

2. 土地增值税与会计、增值税、所得税的差异分析

在简易计税方法下，由于不存在差额征税的影响，增值税、土地增值税、企业所得税与会计收入一致。营改增后，房地产开发企业销售额扣减土地成本的特殊规定造成在采用一般计税方法时，土地增值税清算收入与会计收入、企业所得税收入、增值税计税基础存在差异，但根据成本、收入配比原则，土地增值税的收入与扣除项目也应保持一致。

（1）会计处理规定。

财会〔2016〕22号文规定，销售不动产按现行增值税制度规定计算的销项税额，贷记"应交税费——应交增值税（销项税额）"；差额征税的，按照允许抵扣的税额，借记"应交税费——应交增值税（销项税额抵减）"，贷记"主营业务成本""存货""工程施工"等科目。

通过上述规定可知，会计确认时计算的销项税额与国家税务总局公告2016年第18号规定的销项税额保持一致，土地成本抵减的销项税额作冲减主营业务成本处理，也保持了收入与成本均不含税的一致性。

（2）增值税规定。

出让土地使用权属于增值税免税行为，且土地行政管理部门不开具增值税专用发票，无法实现抵扣。通过差额征税的方式，间接实现了土地成本抵扣的目的，也可理解为增值税计税基础为不含税增值额，保持了收入与成本均不含税的一致性。

（3）企业所得税规定。

企业所得税对土地成本是否含税没有明确规定，但只要保持成本收入不含税的一致性，对税负就没有影响。根据《关于企业所得税应纳税所得额若干税务处理问题的公告》（国家税务总局公告2012年第15号）第八条规定，对企业依据财务会计制度规定，并实际在财务会计处理上已确认的支出，凡没有超过《中华人民共和国企业所得税法》和有关税收法规规定的税前扣除范围和标准的，可按企业实际会计处理确认的支出，在企业所得税前扣除，计算其应纳税所得额。

由此可知，会计、增值税、企业所得税在对土地成本处理时均保持了不含税的一致性。若国家税务总局公告 2016 年第 70 号规定的土地增值税收入包含了土地成本抵减的销项税额，依据成本、收入配比原则，土地增值税扣除的土地价款不应该再做价税分离。清算时，应当将土地价款抵减销售额而减少的销项税金相应调增会计上核算的房地产开发成本，以确保实际发生的土地成本被全部扣除，避免抵减的增值税销项税额被重复确认造成多缴土地增值税。

五、编者建议

按照当前的财税文件，在土地成本无法实现价税分离进而抵扣时，保持土地成本的完整性更符合业务实质和相关文件精神，也便于统一各地执行口径。

本书读者在实操时，需要与主管税务机关的相关业务部门进行充分的沟通，以降低其中的税收风险。

成本分摊方法的选择

房地产开发企业在进行土地增值税清算过程中,各地对于成本分摊方法的选择和应用不尽相同,税务机关与纳税人对于成本分摊方法的选择往往存在争议。这里对房地产开发企业的建筑安装成本、土地成本的分摊方法进行研究。

建筑安装成本分摊方法

一、业务背景

房地产开发企业通过招拍挂、收购等方式获取土地使用权并进行开发,同一地块可分为多个分期和多种业态开发,建筑安装成本在不同业态内以何种方法分摊,各地采取的方法不尽统一。

案例 ◂◂◂◂

某房地产项目达到清算条件后,聘请事务所对项目进行土地增值税清算,其中地上住宅分为高层普通住宅和低层花园洋房两类且互相隔离开。在进行清算时,如针对园林绿化支出进行成本分摊时,有人认为若低层花园洋房和高层普通住宅的园林景观分开设计并分别签订合同，可分别直接归集到对应业态；也有人认为对于房地产项目发生的公共成本如园林成本，应采取均摊的方式。

另外在对高层普通住宅和地下车位进行成本分摊时，如地面公共区域装修成本的分摊，有人认为地面公共区域的施工支出可直接归集至高层普通住宅；也有人认为公共区域的装修成本应在地上住宅和地下车位间按照建筑面积均摊。

二、相关政策

财政部和国家税务总局对成本分摊方法制定了原则性的规定。《国家税务总局关于房地产开发企业土地增值税清算管理有关问题的通知》（国税发〔2006〕187号）第四条第（五）项规定："属于多个房地产项目共同的成本费用，应按清算项目可售建筑面积占多个项目可售总建筑面积的比例或其他合理的方法，计算确定清算项目的扣除金额。"

《国家税务总局关于印发〈土地增值税清算管理规程〉的通知》（国税发〔2009〕91号）第二十一条第（五）项规定："纳税人分期开发项目或者同时开发多个项目的，或者同一项目中建造不同类型房地产的，应按照受益对象，采用合理的分配方法，分摊共同的成本费用。"

三、各地口径

地方规定主要分为两类。一类是依据国税发〔2009〕91号文规定，明确可采用根据受益对象进行成本分摊的方式，以北京、广州、武汉为代表。例如，《北京市地方税务局土地增值税清算管理规程》（北京市地方税务局公告 2016 年第 7 号）第三十一条规定："同一清算单位发生的扣除项目金额，原则上应按建筑面积法分摊。对于纳税人能够提供相关证明材料，单独签订合同并独立结算的成本，可按直接成本法归集。"

另一类是不适用受益原则，各业态严格采用均摊建安成本的分摊方法，以河北、南京为代表。如河北省地方税务局对地方税有关业务问题的解答：对于同一项目中包含不同类型房地产的，土地成本应采用占地面积法，其他开发成本应采用建筑面积法计算分摊。

四、疑难分析

房地产不同业态的施工工艺不同，实际造价不一，且高溢价产品通常施工工艺更为复杂，工程造价较高。税务机关在土地增值税清算审查时，难以准确核定不同业态产品的造价，部分地方税务局暂不执行建造成本直接归集的方案。

但若严格采用均摊的方式，易造成所有业态的单方成本相同，这与实际情况不符。并且在部分地市，地下车位也需均摊地上的建安成本，如园林、幕墙、装修等，造成地下车位清算分摊成本较高。故若按照建筑面积均摊的方式，会造成部分业态的收入与成本不匹配，违反了国税发〔2009〕91 号文所规定的受益原则。

税收不确定性

五、编者建议

根据《关于印发〈企业产品成本核算制度（试行）〉的通知》（财会〔2013〕17号）第三十四条规定，可知各成本核算对象之间分配费用应本着"权责发生制"的原则，哪个成本核算对象受益，费用就计入该成本核算对象。建议各省市税务机关在国税发〔2009〕91号文依据建安成本分摊原则的基础上，明确在确定土地增值税扣除项目时，优先采用直接成本法，进一步明确直接归集的适用范围、方法。

我们建议，按单独签订合同并独立结算的施工合同，参照合同内容和结算材料，直接费用应直接计入受益对象成本，间接费用应在归集后再按合理的分配标准计入各受益对象，而不是在所有业态间均摊成本，使各业态分摊、归集的建安成本真实反映其造价水平，与收入相匹配。同时也避免税企之间在土地增值税建安成本分摊方法上引发争议。

土地成本分摊方法

一、业务背景

房地产项目清算时，因土地成本金额较大，土地成本按不同清算单位分摊或采用不同类型的分摊方法，会对各房地产类型的增值额产生较大影响，进而影响土地增值税的计算。

房地产开发项目在取得土地使用权时，地下建筑是否纳入项目容积率的计算范畴直接影响土地出让价款。土地管理部门对土地使用权起拍底价的计算方式通常为：规划建筑用地面积×计算容积率×评估单方底价。不计容的地下车位并不影响土地出让的价值，且部分地区在办理地下车位的产权时，要求地下车位单独补缴土地出让金才可办理产权，即地上地下分别单独计征土地出让金。以上情况在清算土地成本分摊时应予以考虑，按受益原则对土地成本在地上地下进行分配。

房地产开发企业在开发项目时，对开发的地块如分为多个分期或多种业态开发，土地成本是按照建筑面积还是占地面积进行分摊，地下车位是否分摊土地成本，目前全国并没有统一的法律法规做出规定。各地采取的分摊方法不尽相同，区域间差异较大，导致房企、税务人员、第三方咨询机构在进行土地成本分摊时常常存在争议。

案例

某房地产项目达到清算条件后，聘请事务所对项目进行土地增值税清算，其中地上住宅分为高层普通住宅和低层花园洋房两类且互相隔离开。在进行清算时，对土地成本进行成本分摊，有人认为应按建设工程规划许可证记载的不同业态类型的占地面积进行分摊，还有人认为应按低层花园洋房和高层普通住宅的建筑面积进行均摊。

另外，在对高层普通住宅、低层花园洋房和地下车位进行成本分摊时，有人认为地下车位无须分摊土地成本；也有人认为地下车位应按建筑面积分摊土地成本。

二、相关政策

财政部和国家税务总局对成本分摊方法制定了原则性的规定，同时又给予各地方一定的选择权。《土地增值税暂行条例实施细则》第九条规定："纳税人成片受让土地使用权后，分期分批开发、转让房地产的，其扣除项目金额的确定，可按转让土地使用权的面积占总面积的比例计算分摊，或按建筑面积计算分摊，也可按税务机关确认的其他方式计算分摊。"

《国家税务总局关于印发〈土地增值税清算管理规程〉的通知》（国税发〔2009〕91号）第二十一条第（五）项规定："纳税人分期开发项目或者同时开发多个项目的，或者同一项目中建造不同类型房地产的，应按照受益对象，采用合理的分配方法，分摊共同的成本费用。"

三、各地口径

地方规定主要分为三类。第一类是依据国税发〔2009〕91号文规定，按照受益对象进行成本分摊，并进一步提出分摊方法供选择。如山东省地方税务局关于修订《山东省地方税务局土地增值税"三控一促"管理办法的公告》（山东省地方税务局公告2017年第5号）

第三十二条第（三）项规定："纳税人分期开发项目或者同时开发多个项目的，或者同一项目中建造不同类型房地产的，其扣除项目金额的分摊比例，可按实际转让的土地使用权面积占可转让的土地使用权面积的比例计算，或按已售建筑面积占可售建筑面积的比例计算，也可按地税机关确认的其他方式计算。"此处明确了占地面积法、建筑面积法和其他分摊方法的选择。

第二类是不考虑分期影响，直接在整个地块上按可售建筑面积对土地成本进行一次分摊，如《西安市地方税务局关于明确土地增值税若干政策问题的通知》（西地税发〔2010〕235号）第十三条就同一清算项目不同房地产类型共同的成本、费用分摊问题指出，对不同房地产类型共同的成本、费用包括土地使用权成本、开发费用等，一律按照建筑面积占比进行分摊，分别核算增值额、增值率。

第三类是土地成本先在占地相对独立的房地产间以占地面积法、楼座面积法、投影面积法或其他方法分摊土地成本，之后各独立房地产再在不同的房屋类型进行二次分摊，一般采取建筑面积法或层高系数法等。如《四川省地方税务局关于土地增值税清算单位等有关问题的公告》（四川省地方税务局公告2015年第5号）第三条规定："纳税人分期分批开发房地产项目或同时开发多个房地产项目，各清算项目取得土地使用权所支付的金额，按照占地面积法（即转让土地使用权的面积占可转让土地使用权总面积的比例）进行分摊；其他共同发生的成本费用，按照建筑面积法（即转让的建筑面积占可转让总建筑面积的比例）进行分摊。同一清算单位内包含不同类型房地产的,其共同发生的成本费用按照建筑面积法进行分摊。"

四、疑难分析

将土地成本在同一项目不同业态类型之间进行分摊,无论是采用建筑面积法还是层高系数法等方法,会忽略不同房屋的占地面积以及楼栋的建筑高度,会导致容积率差异较大的业态类型分摊到相近的土地成本,违背受益对象原则,收入成本匹配程度较低。

房地产开发项目在取得土地使用权时,地下建筑是否纳入项目容积率的计算范畴直接影响土地出让价款。土地管理部门对土地使用权起拍底价的计算方式通常为:规划建筑用地面积×计算容积率×评估单方底价。不计容的地下车位并不影响土地出让的价值,且部分地区在地下车位办理产权时,要求地下车位单独补缴国土出让金才可办理产权,即地上地下分别单独计征国土出让金。以上情况在清算土地成本分摊时应予以考虑,按受益原则对土地成本在地上地下进行分配。

五、编者建议

在财法字〔1995〕6号、国税发〔2009〕91号等文件规定的关于土地成本的分摊原则性规定的基础上,进一步明确房地产土地成本在不同分期、同一分期不同业态之间进行分摊的方法。

对土地成本的分摊,若是在不同分期、同一清算单位不同业态之间分摊，目前不少省、市级税务机关有明确口径，土地成本优先采取占地面积法进行初次分摊，同一建筑内包含不同清算类型的，按建筑面积法二次分摊；之后再在同一业态类型中再按建筑面积对已售、未售物业进行二次分摊，使得不同业态最终分摊到与价值相匹配的土地成本，这样更符合业务实质和相关文件精神，也便于统一各地执行口径。

地下建筑土地成本分摊

土地成本计算扣除是土地增值税清算申报的重要一环，地下建筑如何分摊土地成本，各地口径不一，而使用不同方法往往导致清算结果大相径庭，关于此问题税企之间存在较大争议。我们对地下建筑如何合理计算土地成本进行了研究。

一、业务背景

案例1

2018年10月，甲公司向主管税务机关提交A开发项目土地增值税清算资料。税务机关清算人员查阅清算报告附件，发现甲公司清算项目地下可售车位已办理初始产权登记，且房屋登记簿上未予以记载"全体业主共有"。审核人员认为甲公司应将土地成本按可售建筑面积法在地上和地下开发产品之间进行分摊，要求甲公司更正清算报告相关内容。

对税务机关清算人员的观点，甲公司表达了不同意见。甲公司认为其开发用地土地出让合同中，并未单独约定地下空间建设用地使用权的归属，土地成本不应由地上、地下可售开发产品共同承担。

案例2

乙公司开发建设的B项目的土地使用权系通过招拍挂方式取得，《土地出让合同》约定的项目占地面积为23万平方米，土地总价款33.49亿元。B项目规划为住宅及少量商业，容积率不高于2.2，地上总建筑面积55万平方米，其中计容可售面积约为42万平方米，普通住宅部分38.8万平方米，商业部分2.81万平方米，地下建筑面积11.9万平方米。地下人防设施（建为车位）面积4万平方米不计入建筑容积率。主管税务机关要求企业当年完成B项目分期清算，B项目自行测算此次分期清算地块普通住宅应分摊的土地成本为30.94亿元，而主管税务机关清算时给地下车位分摊了土地成本。

案例3

丙公司开发建设的C项目的土地使用权系通过招拍挂方式取得，《土地出让合同》约定的项目占地面积为5.8万平方米，总计容建筑面积13万平方米，容积率不高于2.2不低于1。丙公司根据建设工程规划许可证的要求，实际建设总建筑面积17万平方米，其中地上计容建筑面积13万平方米，地下建筑面积4万平方米，人防车位8000平方米属于地下建筑不计入容积率。主管税务机关以丙公司出让 20 年人防车位使用权为由，要求企业将土地成本分摊给地下人防车库。企业自行测算，假如地下建筑部分不分摊土地成本，普通住宅增值率不高于 18%；假如地下建筑部分分摊土地成本，普通住宅增值率将高于 20%。

二、相关政策

1. 土地增值税

《土地增值税暂行条例实施细则》第九条规定："纳税人成片受让土地使用权后，分期分批开发、转让房地产的，其扣除项目金额的确定，可按转让土地使用权的面积占总面积的比例计算分摊，或按建筑面积计算分摊，也可按税务机关确认的其他方式计算分摊。"

《国家税务总局关于房地产开发企业土地增值税清算管理有关问题的通知》（国税发〔2006〕187号）第四条第（五）项规定："属于多个房地产项目共同的成本费用，应按清算项目可售建筑面积占多个项目可售总建筑面积的比例或其他合理的方法，计算确定清算项目的扣除金额。"

对于共同成本费用的分摊原则，《国家税务总局关于印发〈土地增值税清算管理规程〉的通知》（国税发〔2009〕91号）第二十一条第（五）项规定："纳税人分期开发项目或者同时开发多个项目的，或者同一项目中建造不同类型房地产的，应按照受益对象，采用合理的分配方法，分摊共同的成本费用。"

2. 其他税种可借鉴口径

《国家税务总局关于印发〈房地产开发经营业务企业所得税处理办法〉的通知》（国税发 2009 年第 31 号）第三十三条规定："企业单独建造的停车场所，应作为成本对象单独核算。利用地下基础设施形成的停车场所，作为公共配套设施进行处理。"

3. 其他主管政府部门口径

《国土资源部关于严格落实房地产用地调控政策促进土地市场健康发展有关问题的通知》（国土资发〔2010〕204 号）规定："经依法批准调整容积率的，市、县国土资源主管部门应当按照批准调整时的土地市场楼面地价核定应补缴的土地出让价款。"按这一思路，建设项目的计容面积对应的建筑物是土地出让价款的直接受益对象。

三、各地口径

财政部、国家税务总局没有明确规定地下建筑计算分摊土地成本的具体方法，地方性政策口径迥异，我们试分类列举如下。

1. 按是否能够办理权属登记确认分摊范围

《江苏省地方税务局关于土地增值税若干问题的公告》（苏地税规〔2015〕8 号）规定："土地成本仅在能够办理权属登记手续的建筑物及其附着物之间进行分摊。"山西、新疆等地有类似规定。

2. 按是否计入容积率确认分摊范围

厦门市地方税务局《关于土地增值税征收管理有关事项的公告》

(厦门市地方税务局公告2011年第5号)规定:"房地产开发企业办理土地增值税清算时,可以将取得土地使用权所支付的金额全部分摊至计入容积率部分的可售建筑面积中,对于不计容积率的地下车位、人防工程、架空层、转换层等不再计算分摊取得土地使用权所支付的金额。"

《安徽省土地增值税清算指引》第八条提到费用合理分摊问题:对于地下车位成本的分摊,按照受益对象分摊原则,对土地成本在能够办理分割的土地使用权证的项目中分摊(地下车位办不了土地证,从土地角度看其权益是不完整的,故不分摊土地成本);对建造成本按其面积分摊。重庆市等地有类似规定。

3. 按出让合同是否约定确认分摊范围

《广州市地方税务局关于印发2016年土地增值税清算工作有关问题处理指引的通知》(穗地税函〔2016〕188号)规定:"对国有土地使用权出让合同明确约定地下部分不缴纳土地出让金,或地上部分与地下部分分别缴纳土地出让金的,在计算土地增值税扣除项目金额时,应根据《国家税务总局关于印发〈土地增值税清算管理规程〉的通知》(国税发〔2009〕91号)第二十一条规定,土地出让金直接归集到对应的受益对象(地上部分或地下部分),不作为项目的共同土地成本进行分摊。"①

---

① 这里需要提醒读者的是,《国家税务总局广州市税务局关于公布税费规范性文件清理结果的公告》(国家税务总局广州市税务局公告2018年第2号)所附《继续执行的税费规范性文件目录》中,未见穗地税函〔2016〕188号文。

四、疑难分析

1. 地下空间并非都不设定建设用地使用权

随着经济与社会的发展，对土地的需求量越来越大，土地分层次利用的问题也日益突出。《中华人民共和国民法典》（以下简称《民法典》）第三百四十五条规定："建设用地使用权可以在土地的地表、地上或者地下分别设立。"《民法典》的颁布实施为明确土地的空间使用权提供了法律依据，地下空间与地表建设用地使用权可以分别设立，互不影响。

2. 因为获得地下空间建设用地使用权而使支付土地出让金有法可依

从国家层面来看，相关法律法规对地下空间出让金的确定仅提出鼓励和有偿等原则，未明确相关标准。《国土资源部关于加强城市地质工作的指导意见》（国土资发〔2017〕104号）提出："鼓励各地因地制宜，探索完善建设用地使用权（地下）出让方式。对于国防、人防、防灾、城市基础设施和公共服务设施等符合《划拨用地目录》使用地下建设用地的，可以采用划拨方式供地。鼓励工业、仓储、商业等经营性项目合理开发利用地下空间。激励原地下建设用地使用权人，结合城市更新改造进行地下空间再开发。完善地下建设用地基准地价体系，促进地下空间依法有序开发利用。各地要完善制度，创新方法，标准先行，依法开展建设用地使用权（地下）登记，保障使用权人的占有、使用、收益和处分权利。"

从地方层面来看，上海、广州、浙江、深圳、福州等地陆续出台了地下空间土地使用权出让金确定办法。一般是按照分层利用的原则，以地表为参照，确定相应的修正系数。如《上海市人民政府关于印发上海市城市地下空间建设用地审批和房地产登记试行规定的通知》（沪府发〔2006〕20号）第六条规定："经营性项目的地下土地使用权出让金，按照分层利用、区别用途的原则，参照地上土地使用权出让金的标准收取。"

《广州市地下空间开发利用管理办法》（2019年修订）（广州市人民政府令第168号）规定："地下建设用地使用权除符合划拨条件外，应当实行有偿、有期使用，其土地使用权出让金按照本市土地出让金的计收规定收取，出让年限按照法律、法规的规定确定。"

部分地区进一步细化了开发建设项目配建地下停车场的供地管理，如《武汉市人民政府关于进一步规范开发建设项目配建地下停车场管理的意见》（武政规〔2023〕11号）规定："开发建设项目及其配建地下停车场作为连建空间，地表建设用地使用权和地下建设用地使用权按照'一并供地、分次办理'的原则，一并拟订供地方案，分别办理供地手续……开发建设单位根据供地结果，向不动产登记机构申请办理配建地下停车场的地下建设用地使用权不动产登记，取得《不动产权证书》……开发建设项目配建地下停车位作为独立不动产单元进行登记，单独核发《不动产权证书》，根据地下标识码编制不动产单元号。《不动产权证书》登记的权利性质、土地用途、土地使用期限等内容按照《国有建设用地使用权出让合同》或者《国有建设用地划拨决定书》确定，房屋用途为'地下停车位'。"

3. 地下空间可以办理建设用地使用权确权登记

《不动产登记暂行条例》（2019年修订）规定："不动产以不动产单元为基本单位进行登记。不动产单元具有唯一编码。"《不动产登记操作规范（试行）》（自然资函〔2021〕242号）规定："不动产单元是指权属界线封闭且具有独立使用价值的空间；独立使用价值的空间应当足以实现相应的用途，并可以独立利用……有地下车库、商铺等具有独立使用价值的特定空间或者码头、油库、隧道、桥梁等构筑物的，以该特定空间或者构筑物与土地、海域权属界线封闭的空间为不动产单元。"

各地方立法机关和政府陆续出台的地下空间开发、利用、管理和保护的地方性法规，推动了地下空间建设用地使用权确权登记的实践探索。如《青岛市国土资源和房屋管理局地下空间国有建设用地使用权管理办法》第十二条规定："地下空间国有建设用地使用权登记程序及类型，参照地表国有建设用地使用权登记的程序和类型办理。地下空间国有建设用地使用权实行分层登记，即将地下每一层作为一个独立宗地进行登记。地下空间国有建设用地使用权面积包括四周外墙厚度，通过水平投影坐标、竖向高程确定，并在宗地图上注明每一层的层次和标高范围。"

4. 对按是否计入容积率确认土地成本分摊方法的再思考

容积率是指地块上的总建筑面积与地块面积之比，在合理的空间环境条件下，容积率愈大，表示地块建设开发强度愈高，土地利用率也愈高；反之，容积率愈小，地块建设开发强度愈低，土地利用率也愈低。

容积率由美国传入我国，此后顺应国情做出了相应的改变，如将容积率划分为计容积率与不计容积率两种。为了适应建筑市场环境，我国大力鼓励对城市地下空间（地下车库、设备用房、库房）的开发建设和提供更多的公共活动空间（架空层、沿街骑楼等），对这些建筑面积不计入容积率；同时对建筑中部分配套空间（设备、管道、避难层等）的面积，也不计入容积率，具体操作时各地标准不一。

由于不计容面积的存在，容积率忽略了地块内不计容面积对地块的建设开发强度的影响，据此采用的分摊方法往往不能完全客观反映地下空间建筑物本应承担的建设用地使用权成本。

五、编者建议

综上所述，在土地增值税清算中，地下建筑的土地成本分摊无论是一刀切的统一分摊或统一不分摊，还是按是否计容都不周全，综合考虑建设用地使用权设立和登记等因素可能更为合适。建议采用以下方法：

情形一：土地出让合同中约定了地下空间建设用地使用权出让金。基于对共同成本费用才予以合理分配的前提，出让合同已约定地下空间建设用地使用权出让金，按受益原则，能直接归属的直接计入，地下建筑土地成本按出让合同约定内容执行。

情形二：出让合同未约定地下空间建设用地使用权出让金，建设单位未办理地下空间建设用地使用权确权登记，地下建筑不分摊土地成本。

情形三：出让合同未约定地下空间建设用地使用权出让金，建设单位办理了地下空间建设用地使用权确权登记。根据出让合同约定的宗地面积和建设单位办理的地下建筑不动产权证书记载的宗地面积，将土地成本在地表建筑和地下建筑之间分摊。

红线外支出的扣除

房地产开发企业在开发建设过程中，发生的项目红线外建造成本，在土地增值税清算中能否税前扣除，国家税务总局发布的文件中并没有明确规定。对于这个问题，税企双方在实际执行中有不同的观点。

一、业务背景

房地产企业开发的部分项目，除了在受让的土地范围内（以下简称"红线内"）进行项目开发建设外，政府还会设立部分额外的建设要求，受让土地的房地产开发企业需要根据土地出让合同要求，在受让的土地四至范围外（以下简称"红线外"）建设人才房、公租房、学校、幼儿园、养老院、图书馆、社区中心、道路、绿地、公园等项目（以下简称"红线外设施"），由此产生了额外的建设支出（以下简称"红线外支出"）。在进行土地增值税清算时，此部分成本是否可以扣除目前尚无统一规定，各地基层税务机关的计算口径不一。大多数地区土地增值税的计算口径为不能扣除相应成本。

这里讨论的"红线外成本"是指在房地产开发企业项目建设用地边界外,即国家有关部门审批的项目规划外,开发商投建的道路、桥梁、公园、学校、医院、绿化等设施发生的支出。目前,红线外支出主要分为以下三类:

第一类红线外支出:房地产企业获取土地并按照政府要求建设红线外设施发生的红线外支出,能证明与特定清算项目直接相关。

第二类红线外支出:房地产企业应政府要求建设红线外设施发生的红线外支出,但无法证明与特定清算项目直接相关。

第三类红线外支出:房地产企业基于自身经营或开发项目需要等原因自行建设红线外设施而发生的红线外支出。

关于"与特定开发项目相关"的判断标准,建议将以下情况作为"与特定开发项目相关"的证明:《国有建设用地使用权出让合同》中有约定;《国有土地使用权招拍挂出让公告》中有注明;与当地县级以上的政府部门签订的投资协议或其他政府部门出具的证明文件中有约定。

案例 ‹‹‹‹

201×年,A公司与某市相关部门签订了一份《净地土地出让合同》,为促进销售,A公司建设地块周边(规划外)的道路和绿化(未在土地合同中约定,也无为政府无偿代建的书面协议),后期无偿移交给政府,取得移交证明。几年后,该地块项目进行土地增值税清算,清算过程中该市地方税务局就红线外的道路和绿化成本合计1 237万元提出质疑，认为项目规划范围之外的成本不属于本项目发生的，应从可扣除成本中剔除。

该市土地增值税清算指引中也明确提出对于房地产开发企业发生的项目建设用地边界外（及规划红线外）的建设项目支出，一律不得在本项目清算时计算扣除。A公司财务人员认为，该项成本为该地块建设而发生，有无偿移交证明，准予土地增值税税前扣除为合理做法。行业内人员对该事项进行了讨论，部分人认同A公司的观点，也有部分人更认同税务局的观点。

二、相关政策

（1）《土地增值税暂行条例》（2011年修订）（国务院令第588号）第六条规定，"计算增值额的扣除项目：（一）取得土地使用权所支付的金额"。

（2）《国家税务总局关于房地产开发企业土地增值税清算管理有关问题的通知》（国税发〔2006〕187号）第一条规定，土地增值税以国家有关部门审批的房地产开发项目为单位进行清算，对于分期开发的项目，以分期项目为单位清算。

（3）《土地增值税暂行条例实施细则》第七条第（二）项规定："开发土地和新建房及配套设施（以下简称房地产开发）的成本，是指纳税人房地产开发项目实际发生的成本……基础设施费，包括开发小区内道路、供水、供电、供气、排污、排洪、通讯、照明、环卫、绿化等工程发生的支出。公共配套设施费,包括不能有偿转让的开发小区内公共配套设施发生的支出。"

房地产行业 T20 的部分成员单位认为,《土地增值税暂行条例实施细则》在此处列举了包括开发小区内道路、供水、供电、供气、排污、排洪、通讯、照明、环卫、绿化等工程发生的支出属于清算项目的基础设施费。但是否能逆向推导出不在小区内的上述设施等就不能扣除,值得商榷。

(4)《国家税务总局关于房地产开发企业土地增值税清算管理有关问题的通知》(国税发〔2006〕187 号)第四条"土地增值税的扣除项目"第(三)项规定,房地产开发企业开发建造的与清算项目配套的居委会和派出所用房、会所、停车场(库)、物业管理场所、变电站、热力站、水厂、文体场馆、学校、幼儿园、托儿所、医院、邮电通信等公共设施,按以下原则处理:建成后产权属于全体业主所有的,其成本、费用可以扣除;建成后无偿移交给政府、公用事业单位用于非营利性社会公共事业的,其成本、费用可以扣除;建成后有偿转让的,应计算收入,并准予扣除成本、费用。

T20 的各成员单位认为,需要注意的是,国家税务总局在国税发〔2006〕187 号文中并没有用"红线"这个词,只对可扣除的条件进行了描述。该文件实际上认可了只要是和清算项目配套的公共设施,无偿移交或属于全体业主所有的即可以扣除,并未对是否处于红线外设置限定条件。由于该文件颁布迟于《土地增值税暂行条例》(1993 年公布,2011 年修订)及其实施细则(1995 年公布,现行有效),更应该认为国家税务总局并未对红线外支出的扣除完全持否定的态度。

三、各地口径

地方规定主要分为两类。

1. 地方政策规定不可扣除

(1)《济南市地方税务局土地增值税清算工作指南》第十一条规定:"关于审批项目规划外政府要求房地产企业额外承担的部分市政建设费用(支出)的扣除问题:对于房地产开发企业发生的项目建设用地边界外(及规划红线外)的建设项目支出,一律不得在本项目清算时计算扣除。"

(2)《江苏省地方税务局关于土地增值税有关业务问题的公告》(苏地税规〔2012〕1号)第五条第二款(该条款已于2016年3月1日起废止):"房地产企业建造的各项公共配套设施,建成后移交给全体业主或无偿移交给政府、公共事业单位用于非营利性社会公共事业的,准予扣除相关成本、费用;未移交的,不得扣除相关成本、费用。项目规划范围之外的,其开发成本、费用一律不予扣除。"

(3)《山西省地方税务局关于发布〈房地产开发企业土地增值税清算管理办法〉的公告》(山西省地方税务局公告2014年第3号)第十九条第(三)项第四点规定:"土地红线外的绿化、修路、配套等支出,不得扣除。"

(4)《黑龙江省地方税务局关于土地增值税若干政策问题的公

告》(黑龙江省地方税务局公告 2016 年第 1 号)第十条规定:"房地产开发企业在房地产开发项目之外发生的各项费用支出,除符合《国家税务总局关于土地增值税清算有关问题的通知》(国税函〔2010〕220 号)第六条第二款规定的拆迁异地安置条件的允许计入拆迁补偿费扣除外,其他费用支出一律不得扣除。"

2. 地方政策规定可扣除

(1)《广西壮族自治区地方税务局关于明确土地增值税清算若干政策问题的通知》(桂地税发〔2008〕44 号)第五条规定:"房地产开发商按照当地政府要求建设的道路、桥梁等公共设施所产生的成本费用,凡属于房地产开发项目立项时所确定的各类设施投资,可据实扣除;与开发项目立项无关的,则不予扣除。"

《桂林市土地增值税清算工作指南(试行)》规定,在"关于审批项目规划外政府要求房地产企业额外承担的部分市政建设费用(支出)的扣除问题"中,对于房地产开发企业发生的、满足下列条件之一的项目建设用地边界外(即"红线"外,下同)的市政建设费用(支出),可以凭建安工程发票或财政部门开具的收据计入本项目取得土地使用权所支付的金额予以扣除:

(一)房地产企业在与国土资源管理部门签订的《国有土地使用权出让合同》中约定或国土资源管理部门在《国有土地使用权招拍挂出让公告》中注明有房地产开发企业在项目建设用地边界外应政府要求建设公共设施或其他工程等内容的;

（二）房地产企业在项目建设用地边界外应政府要求建设公共设施或其他工程所发生的支出，能提供与本项目存在关联关系的直接依据（如新建、扩建出入小区的市政道路、桥梁等）和县级以上（包括县级、市辖城区）人民政府的正式文件的。对于不满足上述条件的项目建设用地边界外的市政建设费用（支出）（包括房地产开发企业为提升项目周围环境品质、促进开发产品的销售而自行对项目周边绿化、道路进行整治发生的成本费用），不得计入本项目扣除金额。

(2)《湖北省地方税务局关于房地产开发企业土地增值税清算工作若干政策问题》（鄂地税发〔2008〕211号，已全文废止）第四条第二项规定："对房地产开发企业以修路方式取得土地使用权的，且在同一合同或补充协议中明确了的，可将修筑道路的成本作为土地使用权的购置成本或开发成本进行扣除。"

(3)《湖北省地方税务局关于进一步规范土地增值税征管工作的若干意见》（鄂地税发〔2013〕44号，已全文废止）第七条："房地产企业在项目建设用地边界外（国家有关部门审批的项目规划外，即"红线"外）承诺为政府或其他单位建设公共设施或其他工程所发生的支出，能提供与本项目存在关联关系的直接依据的，可计入本项目扣除项目金额；不能提供或所提供依据不足的（如与建设项目开发无直接关联，仅为开发产品销售提升环境品质的支出，不得计入本项目扣除金额），不得计入成本项目扣除金额。"

(4)《广州市地方税务局关于印发 2014 年土地增值税清算工作有关问题的处理指引的通知》(穗地税函〔2014〕175 号)第三条规定:"纳税人为取得土地使用权,在项目建设用地红线外为政府建设公共设施或其他工程发生的支出,根据《国家税务总局关于房地产开发企业土地增值税清算管理有关问题的通知》(国税发〔2006〕187 号)第四条第(一)项确定的相关性原则,纳税人如果能提供国土房管部门的协议、补充协议,或者相关政府主管部门出具的证明文件的,允许作为取得土地使用权所支付的金额予以扣除。"

(5)《海南省地方税务局关于印发土地增值税清算有关业务问答的通知》(琼地税函〔2015〕917 号)第八条规定:"房地产企业在项目建设用地边界外(国家有关部门审批的项目规划外,即'红线'外)为政府建设公共设施或其他工程所发生的支出,凡能提供政府有关部门出具的证明文件确认该项支出与建造本清算项目有直接关联的(含项目的土地使用权取得相关联的)支出,可计入成本项目扣除项目金额。"

(6)《山东青岛地税局土地增值税和契税若干具体政策的公告》(青岛市地方税务局公告 2015 年第 2 号)第三条规定:"纳税人为取得国有土地使用权,凡按照区(市)级以上政府部门要求,在项目建设用地边界线外建设公共服务设施、安置房项目发生的拆迁补偿和工程支出,应计入取得国有土地使用权的契税计税依据,在计算土地增值税时应计入土地成本。"

四、疑难分析

1. 红线外支出不可以作为土地增值税扣除项目的政策依据

《土地增值税暂行条例实施细则》第七条第（二）项规定的基础设施费与公共配套设施费都限定为开发小区内。

国税发〔2006〕187号文规定，土地增值税以国家有关部门审批的房地产开发项目为单位进行清算，该规定确定了土地增值税清算单位为有关部门批准的房地产开发项目。

由于红线外支出不属于开发小区内，所以部分省市的政策口径认为不属于土地增值税扣除项目范围。

2. 红线外支出可以作为土地增值税扣除项目的政策依据

《土地增值税暂行条例》（国务院令第588号）第六条规定，"计算增值额的扣除项目：（一）取得土地使用权所支付的金额"。

认可的理由主要基于，只要确实属于为取得土地使用权而支付的对价，无论支付的是货币对价，还是非货币对价，都属于"取得土地使用权所支付的金额"，应作为土地增值税的扣除项目。这与国税发〔2006〕187号文的精髓并不矛盾。

五、编者建议

按照国税发〔2006〕187号文的规定，并不能得出红线外支出不能扣除的判断，但也不能得出红线外支出可以一刀切地都扣除的结论。应该对支出情况进行详细分类，根据与清算项目的配套情况进行分析。红线外支出可以分为以下几类。

第一类红线外支出：房地产企业获取土地并按照政府要求建设红线外设施发生的红线外支出，即属于《国有建设用地使用权出让合同》中的约定或土地管理部门在《国有土地使用权招拍挂出让公告》中明确提出的条件。换句话说，如果不建设红线外设施，就无法获取相应土地，那么该红线外支出就属于为获取土地支付的货币或非货币对价，可作为取得土地使用权支付的金额，计征契税，予以扣除。当然纳税人需要提供证明材料，比如土地出让公告、土地出让合同、政府与纳税人签订的与项目相关的无偿代建协议，以及无偿移交给政府部门或指定单位的手续、资料等加以证明。

第二类红线外支出：房地产企业应政府要求建设红线外设施发生的红线外支出，但不能证明与待清算的开发项目直接相关，建议不作为土地增值税扣除项目。

第三类红线外支出：房地产企业基于待清算项目自身正常经营需要等原因自行建设各类项目基础、配套设施而发生的红线外支出，且与该清算项目的销售、运营及后续的入驻业主等的生活、经营相关，不可缺少的，或者缺少会产生较为严重的不良影响的，建议作为土地增值税扣除项目。如无法证明，则不予扣除。本类在细化时较为复杂，还需要更深入的研究。

本书读者在实操时，需要与主管税务机关的相关业务部门进行充分的沟通，以降低其中的税收风险。

自持期间物业转让处理

在竞自持模式下，房地产开发企业的自持物业因为成本沉淀，必然会加大企业资金周转难度。不少企业会采取各种交易形式提前变现资金。我们不讨论房地产开发企业的做法是否合法合规，而是研究此类业务应如何进行税收处理。

一、业务背景

国有土地出让"限地价、竞自持"供给模式已经在广州、西安、天津、杭州各地成功推行。"限地价、竞自持"是指当报价达到最高限制地价后，仍有两个或两个以上的竞买人要求竞买的，将不再接受更高报价，竞买方式转为竞自持商品住房面积（自持商品住房自取得房屋权属登记后持有年限不低于一定年限）；当竞买人报出自持商品住房面积比例设置最高比例，仍有两个或两个以上的竞买人要求竞买的，竞买方式转为竞自持商品住房的自持年限。

在此模式下，房地产开发企业拿地，自持一定年限后才可以办理产权转移手续进行转让，在实际经营过程中，可能存在不同销售处理的方式。

（1）自持期间房地产开发企业进行出租或自用，自持期间结束后再寻找客户销售转让。此种情况下，自持期间结束后进行销售，转让价格基于销售时点市场情况，属于一般性的旧房转让行为，可直接适用现有旧房转让相关土地增值税政策，我们不做讨论。

（2）为尽快收回投资，在物业完工后，房地产开发企业与客户签订合同，一次性收取自持期间的全部租金和固定的未来转让价格。此种交易情况下，客户已支付物业全周期交易对价，并实际控制物业，只待持有期限到期后办理产权过户手续。对于房地产开发企业按此种方式与客户进行交易，土地增值税如何处理，目前尚无明确政策规定，我们将基于现有政策要求及交易实质进行探讨。

案例

A公司与自然资源部签订的《国有建设用地使用权出让合同》约定，相关物业需自持10年，10年内不得分割转让。建成后A公司与客户签订合同，约定在该房屋租赁期限届满当日，该房屋转让所附期限届满，协议自动由租赁合同转为转让合同。届时应在租赁期满当日与客户签订《房屋转让合同》，双方在《房屋转让合同》签订30日内办理该房屋产权转移登记手续。为免歧义，双方进一步确认，若届时双方未能签订《房屋转让合同》，并不影响该房屋的转让效力。合同约定在租赁期限届满后该房屋的转让单价为××元/平方米，转让总价为人民币 A 元。为保证本合同的顺利履行，A 公司客户支付租赁保证金 B 元，转让保证金 A 元，即合计 A+B 元，作为客户承诺按约定支付租金及转让价款的担保，保证金不计利息。

二、相关政策

我国关于土地增值税纳税义务人和征税范围有如下规定。《土地增值税暂行条例》(2011 年修订)（国务院令第 588 号）第二条规定："转让国有土地使用权、地上的建筑物及其附着物（以下简称转让房地产）并取得收入的单位和个人，为土地增值税的纳税义务人（以下简称纳税人），应当依照本条例缴纳土地增值税。"

《国家税务总局关于房地产开发企业土地增值税清算管理有关问题的通知》（国税发〔2006〕187 号）规定："房地产开发企业将开发的部分房地产转为企业自用或用于出租等商业用途时，如果产权未发生转移，不征收土地增值税，在税款清算时不列收入，不扣除相应的成本和费用。"

关于新房与旧房界定及旧房土地增值税清算有如下规定。《财政部、国家税务总局关于土地增值税一些具体问题规定的通知》（财税字〔1995〕48 号）第七条规定："新建房是指建成后未使用的房产。凡是已使用一定时间或达到一定磨损程度的房产均属旧房。使用时间和磨损程度标准可由各省、自治区、直辖市财政厅（局）和地方税务局具体规定。"第十条规定："转让旧房的，应按房屋及建筑物的评估价格、取得土地使用权所支付的地价款和按国家统一规定交纳的有关费用以及在转让环节缴纳的税金作为扣除项目金额计征土地增值税。对取得土地使用权时未支付地价款或不能提供已支付的地价款凭据的，不允许扣除取得土地使用权所支付的金额。"

三、各地口径

目前对于国有土地出让"限地价、竞自持"供给模式下土地增值税如何处理尚无明确政策规定，以下列举了大连、北京、苏州之前对于适用土地增值税旧房认定的标准。

《辽宁省大连市地方税务局关于进一步加强土地增值税清算工作的通知》（大地税函〔2008〕188号，已全文废止）规定："对房地产开发企业转让已自用（包括出租使用）年限在一年以上再出售的房地产项目，应按照转让旧房及建筑物的有关规定缴纳土地增值税。"

《北京市地方税务局关于印发〈房地产开发企业土地增值税清算管理办法〉的通知》（京地税地〔2008〕92号，已失效）第七条规定："房地产开发企业建造的商品房，已自用或出租使用年限在一年以上再出售的，应按照转让旧房及建筑物的政策规定缴纳土地增值税，不再列入土地增值税清算的范围。"

《江苏省财政厅江苏省地方税务局转发财政部国家税务总局关于土地增值税若干问题的通知》（苏财税〔2007〕45号）规定："土地增值税中的旧房，是指已建成并办理房屋产权证或取得购房发票的房产以及虽未办理房屋产权证但已建成并交付使用的房产"（此条已废止）。

四、疑难分析

对于完工后与客户签订合同，一次性收取自持期间的出租租金和到期转让保证金，当下产权暂未发生转移的，不应征收土地增值税。在完工出租时点，未来转让标的已经确认，相关收入已经提前收回，相关建设成本也已经锁定，类似于销售新房业务。但在法定权利上，与新房销售存在本质区别。完工出租时点，开发企业未获得法定的销售权利，不能办理产权转移。《土地增值税暂行条例》（2011年修订）（国务院令第588号）第二条规定："转让国有土地使用权、地上的建筑物及其附着物（以下简称转让房地产）并取得收入的单位和个人，为土地增值税的纳税义务人。"收取的转让保证金仅是对未来成交事项的约定，并未完成产权转移，取得保证金时点不能计入土地增值税清算收入，应该在实际办理产权转移时确认。

按一次性收取自持期间的出租租金和到期转让保证金形式销售，转让标的已经在前期锁定，转让款已确认并提前收取，相关成本也已锁定。这与一般按交易时点市场情况确认交易价格进行旧房转让交易明显不同。直接适用现有旧房转让清算政策确认清算收入和清算成本，将与业务实际情况不符。

在实际办理产权转移时点，进行土地增值税处理，清算收入应根据原出租时签订合同约定的转让价格确认。不能因清算时点评估价高低否定原定价合理性。《土地增值税暂行条例》（2011年修订）（国务院令第588号）第九条规定，纳税人有下列情形之一的，按照房地产评估价格计算征收：转让房地产的成交价格低于房地产评估价格，又无正当理由的，由税务机关参照房地产评估价格确定转让房地产的收入。不同时间、不同市场环境下的定价本就不同，如果原交易价低于现评估价，应认为属于有正当理由，建议不进行调整。

对于房地产开发企业在项目完工后与客户签订合同，一次性收取自持年限期间的租金以及到期后转让的转让保证金，锁定了未来交易对象，相关成本也已经锁定，一般不存在变动。土地增值税清算扣除项目可参考原建设成本乘以成新度予以确认，以实现与原签订合同确认的转让收入相对应。

按现行旧房转让清算相关规定，需按照房屋及建筑物的评估价格作为扣除项目，计征土地增值税。评估价格是指在转让旧房时，由房地产评估机构评定的重置成本价乘以成新度折扣率后的价格，该房地产评估机构应经主管税务机关认可。若直接适用现有规定，以转让时点评估机构评定重置成本确认，用现时的重置成本重新定价原交易事项会出现时间错配，与实际交易情况不一致。

五、编者建议

建议国家税务总局针对"限地价、竞自持"等新土地供给模式，房地产开发企业在项目完工后与客户签订合同，一次性收取自持年限期间的租金以及到期后转让的转让保证金的业务场景，明确土地增值税相关处理政策。

目前的相关政策并不能较好地解决此类业务下的土地增值税处理。视为新房销售进行清算与政策规定存在明显冲突。且实质上未办理产权转移，交易本身也存在较大不确定性，有较高退房风险。而直接适用旧房转让相关政策，收入与成本的确认与真实的交易业务不完全相符。

建议对于房地产开发企业完工后与客户签订合同，一次性收取自持期间的出租租金和到期转让保证金的，按合同约定拆分为不动产租赁和旧房转让两项业务来处理。①

按合同约定租金确认不动产租赁收入，按照《中华人民共和国房产税暂行条例》(2011年修订) 第七条规定："房产税按年征收、分期缴纳"，分摊计算各期租金，缴纳房产税；按合同约定转让价款（或到期转让保证金）确认为旧房转让收入，计算土地增值税。扣除项目依据原锁定的建设成本替代现旧房政策的评估价格，同时乘以现有旧房成新度折扣率计算确认。

以上建议仅作为业务探讨，读者在实操时需要与主管税务机关的相关业务部门进行充分的沟通，选择恰当的处理方式。

---

① 拆解为两类交易行为，现在的旧房交易都是按照系统内核价，会与到期转让时的系统价格不一致，甚至有较大差距，此时建议适用价格明显偏低有正当、合理理由条款。

土地增值税预征的计征依据

营改增后,纳税人转让房地产的土地增值税应税收入,需要转换成不含增值税收入。较营改增之前,土地增值税的计税依据以及预征的计税依据都发生了变化。鉴于这种变化,需要明确土地增值税预征的计证依据。

一、业务背景

对于房地产开发企业土地增值税预征的计征依据,在目前适用政策下,不少地方的税企之间对计算方法存在争议。

其中,一种计算方法是:

土地增值税预征的计征依据 = 预收款 - 应预缴增值税税款

另一种计算方法是:

土地增值税预征的计征依据 = 预收款 ÷ (1 + 增值税税率或征收率)

在《国家税务总局关于营改增后土地增值税若干征管规定的公

告》(国家税务总局公告2016年第70号)发布之前,各地较为流行的计算方法是依据《财政部、国家税务总局关于营改增后契税 房产税 土地增值税 个人所得税计税依据问题的通知》(财税〔2016〕43号)以及增值税相关政策文件,计算土地增值税预征的计征依据,采用预收款÷(1+增值税税率或征收率)的方法,与增值税不含税收入的计算方式保持一致。

2016年11月10日,国家税务总局公告2016年第70号发布,提出"为方便纳税人,简化土地增值税预征税款计算,房地产开发企业采取预收款方式销售自行开发的房地产项目的,可按照以下方法计算土地增值税预征计征依据:土地增值税预征的计征依据=预收款-应预缴增值税税款"。该文在适用过程中,各地就土地增值税预征税款计征依据的计算方式产生了争议。

根据两种不同的计算方法,土地增值税预征的计征依据金额会产生明显差异。

假设按照"预收款应预缴增值税税款=预收款÷(1+适用税率或征收率)×3%"这一公式计算,预收款中的增值税税款=预收款÷(1+适用税率或征收率)×适用税率或征收率。一般计税项目销售不动产的增值税适用税率为9%,简易计税项目销售不动产的征收率为5%,均大于3%,故预收款应预缴增值税税款<预收款中价税分离的增值税税款。

因此,预收款-应预缴增值税税款>预收款÷(1+增值税税率或征收率),即依据国家税务总局公告2016年第70号提出的房地产开发企业可采用的计算方法，计算出的土地增值税预征的计征依据金额会更大。

案例

C房地产开发公司是一般纳税人，销售其开发的一般计税项目，2019年6月收到普通住宅预收款26 160万元。根据当地土地增值税政策，普通住宅预征率为1.5%，2019年7月应预缴增值税税款=26 160÷(1+9%)×3%=720万元。

若采用土地增值税预征的计征依据=预收款÷(1+增值税税率或征收率)，计算应预缴土地增值税=26 160÷(1+9%)×1.5%=360万元。

若采用土地增值税预征的计征依据=预收款-应预缴增值税税款，计算应预缴土地增值税=(26 160-720)×1.5%=381.60万元。

两种方法计算出的应预缴土地增值税相差21.60万元。

二、相关政策

1. 关于增值税销售额及其计算

《增值税暂行条例》(国务院令第691号) 第六条规定，销售额为纳税人发生应税销售行为收取的全部价款和价外费用，但是不包括收取的销项税额。《增值税暂行条例实施细则》(财政部令第658) 第十四条规定，一般纳税人销售货物或者应税劳务，采用销售额和销

项税额合并定价方法的,按下列公式计算销售额:

销售额＝含税销售额÷(1＋税率)

基于此

增值税不含税收入＝含税销售额÷(1＋税率)

例如,A公司是一般纳税人,2019年5月销售货物取得含税收入1 130万元,增值税不含税收入＝1 130÷(1＋13％)＝1 000万元。

2. 关于增值税预收款缴纳税款的计算

国家税务总局公告2016年第18号第十一条规定,应预缴税款按照以下公式计算:应预缴税款＝预收款÷(1＋适用税率或征收率)×3％。根据此文件,增值税预收款不含税收入＝预收款÷(1＋适用税率或征收率)。

例如,B公司是一般纳税人,2019年6月销售一般计税项目住房,取得预收款1 090万元,增值税不含税收入＝1 090÷(1＋9％)＝1 000万元。

(1) 财税〔2016〕43号:土地增值税纳税人转让房地产取得的收入为不含增值税收入。

(2) 国家税务总局公告2016年第70号:营改增后,纳税人转让房地产的土地增值税应税收入不含增值税。适用增值税一般计税方法的纳税人,其转让房地产的土地增值税应税收入不含增值税销项税额;适用简易计税方法的纳税人,其转让房地产的土地增值税应税收入不含增值税应纳税额。

为方便纳税人，简化土地增值税预征税款计算，房地产开发企业采取预收款方式销售自行开发的房地产项目的，可按照以下方法计算土地增值税预征计征依据：土地增值税预征的计征依据＝预收款－应预缴增值税税款。

三、各地口径

土地增值税预征的计征依据的计算方法，各地执行口径主要分为下述两类。

一类按土地增值税预征的计征依据＝预收款－应预缴增值税税款，如广西、江苏。《广西壮族自治区地方税务局关于发布〈广西壮族自治区房地产开发项目土地增值税管理办法（试行）〉的公告》（广西壮族自治区地方税务局公告2018年第1号）规定，"房地产开发项目实施先预征后清算的征管模式。纳税人采取预收款方式销售自行开发的房地产项目的，按照以下方法计算预缴土地增值税：应预缴税款＝（预收款－应预缴增值税税款）×预征率"。

另一类按土地增值税预征的计税依据＝预收款÷（1＋增值税税率或征收率）执行，也有部分省份两种口径都在执行。

四、疑难分析

根据税收和价格的关系，税收可分为价外税和价内税。价外税是税款不包含在商品价格内的税。它是按照税收与价格的组成关系对税收进行的分类。一般说来，价外税是商品经济的产物。在市场经济条件下，生产经营者制定价格以生产价格为基础，生产价格由生产成本加平均利润两部分组成，这样国家以流通中商品为对象所征的税款，只能作为价格附加，成为价外税。价外税税收的变动不直接影响商品的价格和企业利润，税收透明度高，税收负担转嫁明显。

价外税由购买方承担税款，销售方取得的货款包括销售款和税款两部分。由于税款等于销售款乘以税率，而这里的销售款等于货款（即含税价格）减去税款，即不含税价格，因此，计算公式为税款＝[货款÷(1＋税率)]×税率。

增值税属于价外税，税款独立于征税对象的价格之外，其价格为不含税价格，买方在购买商品或服务时，除需要支付约定的价款外，还须支付按规定的税率计算出来的税款，这二者是分开的。

五、编者建议

按"土地增值税预征的计征依据＝预收款÷(1＋增值税税率或征收率)"的计算方式，更符合增值税价税分离原理，与增值税不含税收入的计算方法保持一致。

同时，国家税务总局公告2016年第70号对计算公式的适用用字是"可"，但目前各地主管税务机关多数是以该文件推荐的计算依据作为唯一执行口径。建议在国家税务总局公告2016年第70号关于土地增值税预征的计征依据规定的基础上，进一步明确土地增值税预征计征依据的计算方式。

土地增值税预征率

随着宏观环境的变化,"房住不炒"成为共识,房地产销售价格受到严格调控。同时公开市场的拿地成本居高不下,建筑材料和建造成本逐年上升,行业利润率急剧下降,新开工项目多面临亏损,房地产全面进入低毛利时代。现在施行的土地增值税预征制度反而加大了税收均衡入库的波动幅度。

一、业务背景

对于房地产企业的商品房预售,在税收征管上为保证税款入库的均衡性以及与房地产企业现金流的匹配,通常采用税收预征制度。在施行多年后,目前预征率已基本稳定。随着房地产企业的调控,行业毛利率普遍下降,但是相关的预征率并没有随之调整,已经明显脱离当前的实际。

二、相关政策

(1)《土地增值税暂行条例实施细则》第十六条规定:"纳税人

在项目全部竣工结算前转让房地产取得的收入,由于涉及成本确定或其他原因,而无法据以计算土地增值税的,可以预征土地增值税,待该项目全部竣工、办理结算后再进行清算,多退少补。具体办法由各省、自治区、直辖市地方税务局根据当地情况制定。"

(2)《国家税务总局关于加强土地增值税征管工作的通知》(国税发〔2010〕53号)规定:"为了发挥土地增值税在预征阶段的调节作用,各地须对目前的预征率进行调整。除保障性住房外,东部地区省份预征率不得低于2%,中部和东北地区省份不得低于1.5%,西部地区省份不得低于1%,各地要根据不同类型房地产确定适当的预征率(地区的划分按照国务院有关文件的规定执行)。对尚未预征或暂缓预征的地区,应切实按照税收法律法规开展预征,确保土地增值税在预征阶段及时、充分发挥调节作用。"

三、各地口径

1. 多数省份税务机关设定了一定范围的预征率

(1)北京。《关于进一步做好房地产市场调控工作有关税收问题的公告》(北京市地方税务局、北京市住房和城乡建设委员会公告2013年第3号)规定:"房地产开发企业销售新办理预售许可和现房销售备案的商品房取得的收入,按照预计增值率实行2%至8%的幅度预征率。容积率小于1.0的房地产开发项目,最低按照销售收入的5%预征土地增值税。"

(2)上海。《关于调整住宅开发项目土地增值税预征办法的公告》(上海市地方税务局公告2010年第1号)第一条规定:"按不同的销售价格确定土地增值税预征率。除保障性住房外,住宅开发项目销售均价低于项目所在区域(区域按外环内、外环外划分)上一年度新建商品住房平均价格的,预征率为2%;高于但不超过1倍的,预征率为3.5%;超过1倍的,预征率为5%。"

(3)广东。《广东省地方税务局转发国家税务总局关于加强土地增值税征管工作的通知》(粤地税发〔2010〕105号)规定:"除保障性住房项目外,其他房地产项目土地增值税预征率不得低于2%。各级税务机关应结合当地土地增值税清算的实际税负、房价的上涨等因素,对土地增值税预征率进行及时调整。"

(4)江西。《关于调整土地增值税预征率及核定征收率的公告》(江西省地方税务局公告2017年第1号)第一条规定:"南昌、九江、萍乡、赣州、宜春、上饶、吉安、抚州等8个设区市范围的土地增值税预征率恢复为:转让普通住宅,按1%;转让非普通住宅,按3%;转让非住宅,按5%预征。景德镇、新余、鹰潭等3个设区市范围的土地增值税预征率保持现有水平不变,即:转让普通住宅,按0.7%;转让非普通住宅,按1.5%;转让非住宅,按3%预征。"

(5)江苏。《江苏省地方税务局关于调整土地增值税预征率的公告》(苏地税规〔2016〕2号)规定:"一、除本公告第二条、第三条规定的情形外,南京市、苏州市市区(含工业园区)普通住宅、非普通住宅、其他类型房产的预征率分别为:2%、3%、4%;其他地区普通住宅、非普通住宅、其他类型房产的预征率均为2%。二、预计增值率大于100%且小于或等于200%的房地产开发项目，预征率为5%；预计增值率大于200%的房地产开发项目，预征率为8%。"

2. 福建和安徽的政策新规

（1）福建（国家税务总局福建省税务局公告2018年第21号）规定了对测算的土地增值税税负率明显偏高的房地产开发项目，可以实行单项预征率，即在房地产预售环节，依据房地产开发项目取地成本、销售价格、预计的开发成本及开发费用等情况，测算应纳土地增值税税额（考虑普通住房免税因素后），以测算的应纳税额除以预计的转让收入，计算出该项目土地增值税税负率水平；若测算的税负率水平明显高于以预征率测算的预征税额计算出的项目整体预征率水平的，可以实行单项预征率预征。单项预征率按照对该项目测算的土地增值税税负率水平合理确定，并依据税负变化情况适时调整。确定单项预征率未超过6%（含）的，由县级税务机关领导班子集体审议确定；确定单项预征率超过6%的，报经设区市级税务机关领导班子集体审议确定。各县级税务机关应将单项预征率的执行情况于年后15日内报告设区市级税务机关，各设区市级税务机关经汇总后在年后30日内上报省局备案。

（2）安徽对开发项目成本价高于销售均价的房地产开发项目，允许按照零预征率预征土地增值税。实操时重点考虑土地价格和建筑安装单方造价以及当期房屋销售均价等要素。

从福建和安徽的政策来看，两省都充分考虑到当前房地产市场的形势，从确保税收收入入库均衡稳定角度入手，在项目预征期就强化了主管税务机关对开发项目的跟踪与管理。相比较而言，福建的政策适用面更广，主管税务机关的工作压力相应也更大。

四、疑难分析

（1）在当前房地产行业的大环境下，预征税款一定幅度超过应纳税额的现象比较普遍，给房地产开发企业带来较为严重的、不合理的资金占用。

（2）企业退税难，在二、三、四线城市，尤其是一些经济发展比较滞后的省市，一定程度上存在退税难的情况。因为各种主观因素，对是否退税、退税金额多少往往存在较大争议。

以安徽施行的零预征率方案为例，符合零预征率的具体项目在清算后需要退税的概率往往较大，实行零预征率可减少清算后的退税，提高土地增值税税款入库质量，同时在一定程度上减少对纳税人的资金占用。

五、编者建议

（1）科学评议目前形势下的土地增值税预征率。根据当前房地产行业实际，完善土地增值税预征率动态调整机制，一方面可减少资金的长期、无偿占用，另一方面可减少退税争议，降低基层征收过头税的风险。

（2）福建、安徽两省针对明显亏损项目，形成了实际上的一事一议机制。建议国家税务总局明确对一些严格限价的项目、售价成本倒挂的项目等预计不会产生税收的项目，暂不预征或者实行零预征率。

读者在实操时，需要与主管税务机关的相关业务部门进行充分的沟通，以降低其中的税收风险。

财政返还的土地增值税处理

在经营过程中，获得政府给予的各种形式的财政返还的房地产开发企业不在少数，如何根据其适用土地增值税政策进行相关税收处理，税企双方往往存在争议，对此进行明确有利于税企双方减少税收不确定性。

一、业务背景

各地政府为了招商引资，常对投资或再投资的企业给予一定的财政奖励。投资的房地产开发企业依法纳税后将获得基于地方留成部分按政策允诺比例或合同约定比例给予的财政返还。

现实中有时候也存在开发商拿地前政府已经承诺土地最低价格，在招拍挂拿地时超出政府承诺最低价格部分会以财政返还方式将开发商缴纳的土地出让金给予返还。也有的地方政府对开发商参与的其他项目投资给予财政补偿或返还。

案例1 <<<

S市有一宗商住用地拍卖，该地块位置较为偏僻，附近生活设施不完善。政府出于拉动该区域发展的考虑，承诺以其他方式对投资商给予部分补助。经过多轮竞拍后甲房地产开发公司中标。

案例2

S市政府规划以某产业作为地方优先发展产业，甲房地产开发公司（假设与案例1所述的甲公司是同一家企业）对此类项目进行测算后，对项目的投资回报予以认可，进行了投资。政府承诺按X年期限给开发商一定金额的财政补助。

由于返还金额一般较大，如何对财政返还进行税务处理，应引起房地产开发企业的高度重视。对这类已经成为共性的涉税问题，如何妥善地进行税务处理十分重要。

二、相关政策

《土地增值税暂行条例实施细则》第七条规定："条例第六条所列的计算增值额的扣除项目，具体为：（一）取得土地使用权所支付的金额，是指纳税人为取得土地使用权所支付的地价款和按国家统一规定交纳的有关费用。"

三、各地口径

土地增值税清算时，税务机关一般认为财政返还款应抵减企业的成本项，而不是作为企业的收入项。

(1)《江苏省地方税务局关于土地增值税有关业务问题的公告》（苏地税规〔2012〕1号）第五条第（四）项规定："纳税人为取得土地使用权所支付的地价款，在计算土地增值税时，应以纳税人实际支付土地出让金（包括后期补缴的土地出让金），减去因受让该宗土地政府以各种形式支付给纳税人的经济利益后予以确认。"

(2)《辽宁省地方税务局关于明确土地增值税清算有关问题的通知》（辽地税函〔2012〕92号）第六条规定："房地产开发企业从政府部门取得各种形式的返还款，地方税务机关在土地增值税清算时，其返还款不允许扣除，直接冲减土地成本。"

部分地方的税企之间因为对政策的理解不一致，就如何认定企业收到的政府财政返还款产生了争议。企业方一般对土地出让金返还冲减成本没有异议。对政府给房地产开发企业的非开发业务补助，企业认为这种形式的返还是企业的一项营业外收入，而不是地价款的折让，因此不认可不加甄别地全部扣减成本。

四、疑难分析

土地出让价款与政府财政返还乃基于不同的商业逻辑及法律关系。土地出让价款是土地管理部门根据土地管理、土地使用权出让收支等法律法规依法向土地使用权买受人收取，签订《国有土地使用权出让合同》等协议，买受人的核心商业利益是取得国有土地使用权进行开发利用，政府收取土地出让金后的支出项目也应为征地和拆迁补偿、土地开发、城市建设、廉租住房建设等支出，一般并不包括财政返还支出。①（不排除个别地方违规返还。）

目前政府支付给企业的财政性资金，也有部分是地方政府基于当地发展规划，对企业再投资、其他发展项目符合地方政府规划中急需条件给予的财政补助。

目前看，难点不在于制定符合法理和业务实质的相关政策条款，而是如何制定具有可行性的认定办法。例如，土地出让金返还对象不是项目公司，而是母公司或者其他关联企业等，实际运作可能会更加复杂。

五、编者建议

以土地出让价款与政府财政返还有无必然联系来进行判断比较合理。不赞成一刀切，比如将财政返还都用来冲减成本，或简单地将财政返还都视为营业外收入。

如果土地出让合同等证据表明政府财政返还款确系土地出让金返还，则可用来冲减土地成本；否则作为政府补助收入处理，视为企业的营业外收入更为可取。

建议国家税务总局或地方省级税务机关出台相应细则，确定各种财政返还的判别标准和处理方式，使基层主管税务机关和房地产开发企业有法可依，降低税收风险。

---

① 《节约集约利用土地规定》（2019年修正）第二十二条规定："经营性用地应当以招标拍卖挂牌的方式确定土地使用者和土地价格。各类有偿使用的土地供应不得低于国家规定的用地最低价标准。禁止以土地换项目、先征后返、补贴、奖励等形式变相减免土地出让价款。"

市政公用基础设施配套费和人防工程
易地建设费土地增值税加计扣除

目前,业界对如何对市政公用基础设施配套费和防空地下室易地建设费定性,在进行土地增值税清算时,是否可以加计扣除存在较大争议。目前企业方建议允许加计扣除的呼声较大,我们对此展开分析。

一、业务背景

根据法律法规和当地政府的相关规定,房地产开发企业在土地获取阶段,需根据《国有土地使用权成交确认书》中列明的金额,缴纳市政公用基础设施配套费(以下简称"城市基础设施配套费")和防空地下室易地建设费(以下简称"人防工程易地建设费");或者在办理建筑工程施工许可证之前缴纳前述两项费用。

这两项费用均由房地产企业在获得土地使用权或施工许可开发环节缴纳并实际承担,若不缴纳,房地产开发企业将无法办理国有土地使用权证或建筑工程施工许可证。因此,前述两项费用构成与房地产开发活动直接相关的必要支出。

二、相关政策

1. 城市基础设施配套费

关于城市基础设施配套费的性质，辽宁省财政厅于 2002 年就该问题向财政部提交了专门请示，财政部在《关于城市基础设施配套费性质的批复》（财综函〔2002〕3 号）中明确答复："城市基础设施配套费是城市人民政府有关部门强制征收用于城市基础设施建设的专项资金，其征收主体与征收对象之间不存在直接的服务与被服务关系；同时，收益者与征收对象也没有必然的联系，与各级政府部门或单位向特定服务对象提供特定服务并按成本补偿原则收取的行政事业性收费有明显区别。因此，城市基础设施配套费在性质上不属于行政事业性收费，而属于政府性基金。"

根据《政府性基金管理暂行办法》（财综〔2010〕80 号）第二条的规定，"政府性基金是指各级人民政府及其所属部门根据法律、行政法规和中共中央、国务院文件规定，为支持特定公共基础设施建设和公共事业发展，向公民、法人和其他组织无偿征收的具有专项用途的财政资金"；同时，该文件第二十三条规定，"公民、法人或者其他组织不得拒绝缴纳符合本办法规定设立的政府性基金"。

《财政部、税务总局关于贯彻实施契税法若干事项执行口径的公告》(财政部、税务总局公告 2021 年第 23 号）第二条第（五）项规定："土地使用权出让的，计税依据包括土地出让金、土地补偿费、安置补助费、地上附着物和青苗补偿费、征收补偿费、城市基础设施配套费、实物配建房屋等应交付的货币以及实物、其他经济利益对应的价款。"

从上述规定可以看出，城市基础设施配套费的性质是各地方政府依据规定向从事各类工程建设的单位强制收取的、具有专项用途的财政资金。

2. 人防工程易地建设费

人防工程易地建设费属于行政事业性收费，是人防战备建设的专项资金。各城市规划区内新建的民用建筑，如因条件限制等原因不能依法修建防空地下室，建设单位需按应建未建防空地下室面积缴纳易地建设费，由人民防空主管部门统一组织易地修建，具体收费标准由各城市财政局、民防局或物价局联合制定。

因此，人防工程易地建设费是无法修建防空地下室的建设单位按一定标准向政府交纳的一项具有专项用途的行政事业性收费。

综合上述分析可知，城市基础设施配套费和人防易地建设费分别属于政府性基金和行政事业性收费，其承担主体为房地产开发企业，不属于代收费用。关于城市基础设施配套费和人防工程易地建设费的税收政策如表 1 所示。

税收不确定性

表 1 税收政策规定

文件	相关规定
《土地增值税暂行条例实施细则》	第七条　条例第六条所列的计算增值额的扣除项目，具体为： （二）开发土地和新建房及配套设施（以下简称房地产开发）的成本，是指纳税人房地产开发项目实际发生的成本（以下简称房地产开发成本），包括土地征用及拆迁补偿费、前期工程费、建筑安装工程费、基础设施费、公共配套设施费、开发间接费用。 （六）根据条例第六条（五）项规定，对从事房地产开发的纳税人可按本条（一）、（二）项规定计算的金额之和，加计百分之二十的扣除。
《房地产开发经营业务企业所得税处理办法》（国税发〔2009〕31号）	第二十五条　计税成本是指企业在开发、建造开发产品（包括固定资产，下同）过程中所发生的按照税收规定进行核算与计量的应归入某项成本对象的各项费用。 第二十七条　开发产品计税成本支出的内容如下： （一）土地征用费及拆迁补偿费。指为取得土地开发使用权（或开发权）而发生的各项费用，主要包括土地买价或出让金、大市政配套费、契税、耕地占用税、土地使用费、土地闲置费、土地变更用途和超面积补交的地价及相关税费、拆迁补偿支出、安置及动迁支出、回迁房建造支出、农作物补偿费、危房补偿费等。
《江苏省实施〈中华人民共和国人民防空法〉办法》（2021年修正）	第十二条　城市新建民用建筑，必须按照国家有关规定修建战时可用于防空的地下室（以下简称防空地下室），并与地面建筑同步规划、设计、建设、竣工验收，其建设经费纳入建设项目投资计划……因地质、地形、结构或者其他条件限制，不能结合地面建筑就地修建防空地下室的，经人防主管部门批准，建设单位按照国家规定缴纳易地建设费，由人防主管部门进行易地修建和管理。

续表

文件	相关规定
《江苏省财政厅 江苏省地方税务局关于明确土地增值税清算过程中行政事业性收费和政府性基金归集方向的通知》(苏地税函〔2011〕81号)	为规范土地增值税清算,现明确房地产开发过程中可能涉及的省级以上(含省级)行政事业性收费、政府性基金在土地增值税清算时的归集方向,请各地遵照执行。 附件《行政事业性收费和政府性基金在土地增值税清算时的归集方向一览表》规定,城市基础设施配套费和人防易地建设费在归集方向上为房地产开发成本,以财政票据为有效凭证。
《江苏省地方税务局关于土地增值税有关业务问题的公告》(苏地税规〔2012〕1号)	五、关于房地产开发成本、费用的扣除 (五)相关费用、基金的扣除 1. 房地产开发企业代收费用,应当按照《财政部国家税务总局关于土地增值税一些具体问题规定的通知》(财税字〔1995〕48号)第六条的规定进行处理。市政公用基础设施配套费、人防工程易地建设费不得加计扣除,也不作为房地产开发费用扣除的计算基数。 2. 政府性基金和行政事业性收费按照以下原则处理: (1)企业建造房屋建筑物时特有的费用和基金,按其是否与开发建造活动相关的原则进行划分。凡与开发活动直接相关,且可直接计入或分配计入开发对象的,允许计入开发成本;反之,则应计入开发费用。

根据相关政策文件规定可知,土地增值税和企业所得税的相关税收法规对房地产开发成本的范围做出了原则性的规定,城市基础设施配套费及人防易地建设费属于在房地产建造过程中发生的、与房地产开发活动直接相关的开发成本。

以苏地税规〔2012〕1号文等为代表的税收文件表明,部分区域的税务机关认为城市基础设施配套费和人防易地建设费属于代收费用性质，在土地增值税清算中对上述费用的扣除参照代收费用处理：仅允许其在土地增值税清算时在税前扣除，但不允许加计扣除，也不允许作为房地产开发费用扣除的计算基数。

包括苏地税规〔2012〕1号文在内的文件对城市基础设施配套费和人防易地建设费性质的认定，与上位法的规定并不相符。

三、各地口径

也有税务机关认为，城市基础设施配套费和人防易地建设费属于房地产开发成本，可以加计扣除，本书试列举如下：

（1）《江西省地方税务局关于土地增值税征收管理有关问题的通知》（赣地发〔2013〕117号）第四条第（三）项规定："房地产开发企业向建设部门缴纳市政配套设施费并取得相应的财政专用收据的，应作为房地产开发成本的公共配套设施费计算扣除。"

（2）《广州市地方税务局关于印发土地增值税清算工作若干问题处理指引（2012年修订版）的通知》（穗地税函〔2012〕198号）第九条第二款规定："房地产开发企业向建设部门缴纳市政配套设施费并取得相应的财政专用收据的，应作为房地产开发成本的公共配套设施费计算扣除。"

（3）《山东省地方税务局关于修订〈山东省地方税务局土地增值税"三控一促"管理办法〉的公告》（山东省地方税务局公告2017年第5号）第三十一条第（二）项规定："在房地产开发期间，按政府规定缴纳的与房地产开发项目直接相关的政府性基金和行政事业性收费，计入开发成本。"

(4)《安徽省土地增值税清算管理办法》(国家税务总局安徽省税务局公告2018年第21号)第四十四条规定："政府或有关部门直接向房地产开发企业收取的市政配套费、报批报建费、'四源'费、供电贴费、增容费等应由房地产开发企业缴纳、并在核算时计入房地产开发成本的收费项目，在计算土地增值税时，列入开发土地和新建房及配套设施的成本计算扣除项目金额。"

四、疑难分析

1. 城市基础设施配套费和人防易地建设费与代收费用存在本质上的区别，比照参照代收费用的方式进行处理有待商榷

《财政部、国家税务总局关于土地增值税一些具体问题规定的通知》(财税字〔1995〕48号，部分失效)第六条对代收费用的定义是："对于县级及县级以上人民政府要求房地产开发企业在售房时代收的各项费用，如果代收费用是计入房价中向购买方一并收取的，可作为转让房地产所取得的收入计税；如果代收费用未计入房价中，而是在房价之外单独收取的，可以不作为转让房地产的收入。"

因此，代收费用的最终承担主体是房产的购买方，房地产开发企业的责任是代政府向购买方收回相关费用再转交给政府；而城市基础设施配套费和人防易地建设费分别属于政府性基金和行政事业性收费，其承担主体为房地产开发企业，是一个房地产项目开发过

-95-

程中发生的必要成本，在房价或房价之外均不能向购买方收取。这两项费用与代收费用存在本质上的区别，不应参照代收费用的方式处理。

2. 城市基础设施配套费和人防易地建设费应按照房地产开发成本处理

一般情况下，大市政配套费包括城市基础设施配套费、白蚁预防工程费、新型墙体材料专项基金、人防工程易地建设费。

例如，《合肥市人民政府办公厅关于印发合肥市建设项目大配套费征收使用管理办法的通知》（合政办〔2013〕61号，已全文废止）第二条规定："本办法所称建设项目大配套费，包括城市基础设施配套费、白蚁预防工程费、新型墙体材料专项基金、人防工程易地建设费。"由此可见，大市政配套费包括前面提到的城市市政公共基础设施配套费及人防工程易地建设费。

《企业产品成本核算制度（试行）》（财会〔2013〕17号）第二十六条规定："房地产企业一般设置土地征用及拆迁补偿费、前期工程费、建筑安装工程费、基础设施建设费、公共配套设施费、开发间接费、借款费用等成本项目。土地征用及拆迁补偿费，是指为取得土地开发使用权（或开发权）而发生的各项费用，包括土地买价或出让金、大市政配套费、契税、耕地占用税、土地使用费、土地闲置费、农作物补偿费、危房补偿费、土地变更用途和超面积补交的地价及相关税费、拆迁补偿费用、安置及动迁费用、回迁房建造费用等。"

市政公用基础设施配套费和人防工程易地建设费土地增值税加计扣除

《国家税务总局关于印发〈房地产开发经营业务企业所得税处理办法〉的通知》（国税发〔2009〕31号）第二十七条规定："开发产品计税成本支出的内容如下：（一）土地征用费及拆迁补偿费。指为取得土地开发使用权（或开发权）而发生的各项费用，主要包括土地买价或出让金、大市政配套费、契税、耕地占用税、土地使用费、土地闲置费、土地变更用途和超面积补交的地价及相关税费、拆迁补偿支出、安置及动迁支出、回迁房建造支出、农作物补偿费、危房补偿费等。"

综上，结合上述文件可知城市基础设施配套费和人防工程易地建设费属于大市政配套费，而大市政配套费根据会计制度以及相关税法的规定，应计入成本类科目"开发成本——土地征用及拆迁补偿费"。

另外，苏地税函〔2011〕81号文附件《行政事业性收费和政府性基金在土地增值税清算时的归集方向一览表》明确指出，城市基础设施配套费和人防易地建设费归集方向为"房地产开发成本"，而且苏地税规〔2012〕1号文第五条第（五）项也明确规定，对于与开发活动直接相关的政府性基金和行政事业性收费，且可直接计入或分配计入开发对象的，允许计入开发成本。

因此，上述两项费用均是在房地产开发环节中依据法律法规和当地政府规定缴纳的费用，与开发活动直接相关，根据国家政策和江苏省地方政策法规，应计入项目开发成本。

五、编者建议

土地增值税清算中的扣除规定是影响房地产业税负的关键因素。扣除项目的准确分类以及计算规则的明确是提高土地增值税清算效率的重要保障。城市基础设施配套费和人防易地工程建设费是房地产开发企业自行承担的政府性基金及行政事业性收费，不属于代收费用，应当归入房地产开发成本，允许加计扣除，并可以作为房地产开发费用扣除的计算基数。

与在建项目交易相关的土地增值税加计扣除

在建项目交易的土地增值税处理，一直是税企双方比较关注的疑难问题。如何从土地增值税法律适用上分析清楚，对于当前的实务操作和下一步的相关立法工作，都是至关重要的。

一、业务背景

房地产开发企业获得土地使用权，主要有划拨、出让、转让等直接方式，以及股权合作间接方式。由于我国房地产管理法规要求，土地使用权取得后必须完成一定的开发、利用后方可转让，所以，土地使用权转让一般会表现为土地使用权及地上建筑物、附着物一并转让，即在建项目（即在建工程、未完工开发产品）交易形态。同时，现实中由于资金链断裂等原因形成烂尾盘，往往还存在未达到规定转让条件的土地使用权事实转让。

转让在建项目能否正常加计扣除，是一个让业界纠结的问题。对于项目受让方而言，取得在建项目又能否加计、如何扣除，也是一个问题。近年来，我国房地产市场进入行业深层调整时期，即便在一些地方业已明确政策，且大型房企已积累相当多项目并购经验的情况下，在建项目盘活的税务处理争议仍不可能完全避免。

二、相关政策

基本法规政策如下：

（1）《土地增值税暂行条例》及其实施细则。该条例授权财政部可以规定其他扣除项目（第六条），财政部在《土地增值税暂行条例实施细则》中明确规定，"对从事房地产开发的纳税人可按本条（一）、（二）项规定计算的金额之和，加计百分之二十的扣除"（第七条）。

（2）《土地增值税宣传提纲》（国税函发〔1995〕110号，以下简称《宣传提纲》）第五条明确了三种情形下的加计扣除，并解释了相关的政策目标。三种情形分别对应取得土地使用权后的三种后续处理：未进行开发即转让的，不允许加计扣除，以抑制"炒"买"炒"卖地皮的行为；将生地变为熟地的，允许加计扣除，以鼓励投资者将更多的资金投向房地产开发；进行房地产开发建造的，允许加计扣除，以使从事房地产开发的纳税人有基本的投资回报，调动其从事正常房地产开发的积极性。

三、各地口径

在建项目的加计扣除在各地的政策执行中，主要有三种做法：

（1）明确在建项目受让方继续开发再转让的项目不得加计扣除（通常项目转让方允许加计），这是明确口径中的主流做法。

天津（天津市地方税务局公告 2016 年第 25 号）、青岛（青岛市地方税务局公告 2018 年第 4 号）、浙江（浙江省地方税务局公告 2014 年第 16 号）、广西（广西壮族自治区地方税务局公告 2018 年第 1 号）、海南（国家税务总局海南省税务局公告 2021 年第 7 号）等地制发了规范性文件明确这一政策理解，河北（2014 年关于地方税有关问题解答）、河南（2020 年 12366 热点问答）、江苏（2021 年官网答复）等地，明确基于不能重复加计的原则不允许受让方加计的政策理解。

（2）明确在建项目受让方继续开发再转让的可以加计。如重庆（渝财税〔2015〕93 号，同时明确项目转让方不得加计）、青岛（青地税函〔2009〕年 47 号）、新疆（新疆维吾尔自治区地方税务局公告 2014 年第 1 号）等地均允许加计，后陆续调整或废除原有政策。

（3）未对在建项目转让发布专门执行口径，仍基于国家层面的基本法规进行具体判断。

其中同样有不同观点，尤其是关于受让项目的再建设转让，有的支持加计的口径（如安徽 2020 年官网答复），有的不支持加计的口径。

四、疑难分析

1. 扣除条件

《土地增值税暂行条例实施细则》（以下简称《细则》）第七条是

加计扣除的核心规则，从中可以提炼出的原则只有一条：只有从事房地产开发才可以加计扣除。"从事房地产开发"无疑是加计扣除的必要条件，是否也是加计扣除的充分条件？

假定这一原则已是判断加计的充分必要条件，那各地的政策口径又做何解释？尽管土地增值税是地方税种，实践中各地也确实拥有较大的政策解释空间。但是，在依法治国的框架下，关于地方税种的重大原则问题，各地颁布的口径不应与上位法相抵触。所以，对上位法加计扣除原则的理解，始终是最重要的。

2. 支持性证明：核心原则和《宣传提纲》

遵循"只有从事房地产开发才可以加计扣除"的原则，不仅完全符合《细则》第七条，也可以直接推理出与《宣传提纲》相关的全部规则，而且符合《宣传提纲》强调的立法政策目标，说明宣传提纲没有实质上创造新的规则，而是严格对《细则》进行详细解释。

（1）房地产开发是指取得土地使用权并进行开发活动，因此，未进行房地产开发即转让的、"炒"买"炒"卖地皮的，不得加计扣除。（《宣传提纲》第五条第（一）项）

（2）正常从事房地产开发，不管是一级开发，还是二级开发，均应加计扣除。（《宣传提纲》第（五）条第（二）、（三）项）

如果就此继续讨论，加计扣除金额＝(取得土地使用权所支付的金额＋房地产开发的成本)×20%，那就只剩下在在建项目交易情况下，如何计算这两个金额的技术性问题。

3. 质疑性证明：重复加计和条文适用

从各地的执行口径来看，对于在建项目加计扣除的争议，本质上不外乎对上述原则充分性的两种质疑。

（1）除了上述基本原则外，加计扣除还要明确是否可以重复。即对于一宗土地，无论是否经过转让，最多只允许一次加计扣除（不能重复加计扣除）。基于这一观点，不管是禁止前手加计还是禁止后手加计，都是确立了一项现有国家法规中没有明文规定的原则。也正是这个原因，持这一观点的地方往往会在地方的规范性文件中明确不得加计扣除的规则，以使基层执行有所依据。这是一个比较流行的观点，但其不足之处有以下四点：

1) 对法定优惠设置法外限制没有依据。根据依法行政的基本原则和国家税务总局令第 45 号的规定，没有法律和国务院的行政法规、决定、命令的依据，税务规章不得设定减损税务行政相对人权利或者增加其义务的规范，不得增加本部门的权力或者减少本部门的法定职责。同样，各地在明确地方政策口径时，也要遵循税务总局的《税务规范性文件制定管理办法》（国家税务总局令第 50 号）规定，不得"违法、违规减损税务行政相对人的合法权利和利益"。因此，即便不讨论重复加计概念本身的问题，若以此为理由限制纳税人的税收优惠权利，也要有明确的法律法规依据作为前提。

2) 同一地块多次加计是现行法规的明确规定。通常房地产开发活动都有一级开发和二级开发两个阶段。一级开发要达到规范的净地出让要求，就是《宣传提纲》所讲的"将生地变为熟地"；二级开发是在净地基础上进行房屋建造，完成建筑工程和公共配套等建设，最后转让给购买者，就是《宣传提纲》所讲的"房地产开发建造"。事实上，这正是同一地块的两个开发阶段，通常也是由不同主体完成的，根据《宣传提纲》的规定，这两种情况都明确允许加计扣除。

3）独立的在建项目交易双方分别加计不应视为重复。这里有两个独立的交易、两个有联系的项目，如同工业企业购买半成品再加工一样，第一次交易即在建项目转让已经设置纳税环节，其转让收入自然成为受让方再建设后转让的成本。土地增值税是对特别对象征收资本利得税，后一次交易的计税基础就是前一次交易的应税收入，税法对其各有各的扣除，各有各的调节，合并起来看没有道理。当然，我们也不能绝对排除个别企业通过关联企业构造交易，达到多扣除的目的。但是这样的交易综合税费成本难以规避，即使有这样的问题，也应通过个别反避税调查，而不应一刀切地简单处理。

4）在建项目受让方加计不会产生重复的效果。受让在建项目的企业取得项目后有两种情况：其一，如果拆除重建，至拆除完成时，相当于花费了项目购买支出和拆除支出，得到一处与政府出让同等效果的净地，这两部分成本合计就是取得土地使用权的支出；其二，如果在原在建项目上续建，虽然看似增加了土地使用权的支出，但同时也节约了房地产开发成本，加计扣除基数的总数没有变化。

（2）上述基本原则不够完整，还要列举可作加计基数的项目支出。因而基于在建项目不属于法规明确列举的取得土地使用权的判断，认为在建项目成本不允许加计。讨论这个观点的关键在于对现行国家法规对取得土地使用权所支付的金额和房地产开发成本的解释。重点自然在"取得土地使用权所支付的金额"。

其一，税法允许转让取得土地使用权的地价款作为加计基数。《细则》第七条明确"取得土地使用权所支付的金额，是指纳税人为取得土地使用权所支付的地价款和按国家统一规定交纳的有关费用"。《宣传提纲》又进一步从出让、划拨、转让三种取得方式来解释："以出让方式取得土地使用权的，为支付的土地出让金；以行政划拨方式取得土地使用权的，为转让土地使用权时按规定补交的出让金；以转让方式取得土地使用权的，为支付的地价款。"

从第一次交易看，转让在建项目一方通常没有异议。再从第二次交易看，受让在建项目再建设转让的，地价款自然不能是出让、划拨，那么，取得在建项目究竟算不算通过"转让"取得土地使用权？

其二，在建项目交易就是转让取得土地使用权的法定形式。在《宣传提纲》出台的1995年，我国已经颁布了国有土地使用权流转的基本法规《城镇国有土地使用权出让和转让暂行条例》（国务院令第732号），该法规第十九条规定："土地使用权转让是指土地使用者将土地使用权再转移的行为，包括出售、交换和赠与。未按土地使用权出让合同规定的期限和条件投资开发、利用土地的，土地使用权不得转让。"第二十三条规定："土地使用权转让时，其地上建筑物、其他附着物所有权随之转让。"

由此可见，我国不允许土地使用权未经开发就直接转让，必须开发利用达到规定程度（立项后未完工的在建项目），土地使用权（地上建筑物、其他附着物一并）才可以转让。

其三，在建项目价款含有的开发成本也是允许扣除的项目。《细则》第七条规定，"开发土地和新建房及配套设施（以下简称房地产开发）的成本，是指纳税人房地产开发项目实际发生的成本"。这是开发成本的定义，在此基础上《细则》还加以例举。但须注意的是，例举是基于典型的情形、当时的认知给出的指引性规范，不能涵盖定义下的所有情形。例举不周全时，仍应回归定义，即判断是否在"房地产开发项目实际发生的成本"中。显然，为开发项目实际支付的购入在建项目价款（如果要区分土地价款以外的部分），属于实际发生的开发成本。

在此基础上还可以进一步思考，假设现行法规没有明确这些内容，是否可以得出在建项目一定不得加计的结论？加计与如何加计是否可以分开讨论？

五、编者建议

直接依据《土地增值税暂行条例》及其实施细则、《宣传提纲》确定的基本原则，结合具体场景判断是否符合加计扣除的条件，更符合土地增值税的核心思想。

由于目前各地执行口径仍普遍倾向于受让项目一方不得就受让成本加计扣除，各房地产企业在相关政策执行中需与当地主管税务机关做好政策确认。

统借统还的利息支出扣除

在统借统还业务中，税企双方对于利息支出在土地增值税中是否可以在税前扣除的争议颇大。争议双方主要聚焦于参与统借统还业务的下属子公司，在未取得金融机构凭证的情况下，利息支出是否可以扣除，根据什么凭据予以扣除，这些都是争议点，对此进行研究，有助于厘清业务本源。

一、业务背景

在企业集团统借统还业务中，企业集团中的核心企业（以下简称核心企业）取得金融机构贷款资金，提供给企业集团内部项目公司（以下简称项目公司）使用并收取不高于向金融机构支付的利息，项目公司作为资金使用方承担利息并以核心企业开具的发票入账。

可以看出，统借统还业务不同于直接融资业务，核心企业只是向金融机构贷款的名义主体，是融资过程中的通道方，而项目公司才是资金实际使用主体，同时也是利息承担主体。

对于项目公司来说，存在着统借统还业务利息支出能否在土地增值税税前据实扣除的问题。与现行增值税、企业所得税不同,土地增值税税收法规未能对统借统还业务的利息支出扣除问题做出明确规定,导致各地税务机关与纳税人就此问题的理解存在一定分歧和争议。

二、相关政策

1. 其他相关税种

营改增之前,为解决中小企业融资难的问题,《财政部、国家税务总局关于非金融机构统借统还业务征收营业税问题的通知》(财税〔2000〕7号)、《国家税务总局关于贷款业务征收营业税问题的通知》(国税发〔2002〕13号,已失效)以及《国家税务总局关于明确若干营业税问题的公告》(国家税务总局公告2015年第92号)相继规定,在符合条件的统借统还业务中,对于企业集团、企业集团中的核心企业、集团所属财务公司收取的符合规定的利息,均不征收营业税。

营改增后,原营业税下统借统还优惠政策在增值税政策中进行了平移。《营业税改征增值税试点过渡政策的规定》(财税〔2016〕36号)规定,对符合条件的统借统还业务免征增值税。

关于企业所得税的规定,《房地产开发经营业务企业所得税处理办法》(国税发〔2009〕31号,已修改)规定,符合条件的统借统还利息支出准予在企业所得税前扣除。

2. 土地增值税

与货劳税和企业所得税不同,国家层面的土地增值税税收法规对于统借统还利息支出能否税前据实扣除的问题，至今仍然未做出明确规定。

根据《土地增值税暂行条例实施细则》（财法〔1995〕6号）及《国家税务总局关于土地增值税清算有关问题的通知》（国税函〔2010〕220号）的规定，项目公司的合理利息支出，即同时满足"按转让房地产项目计算分摊""提供金融机构证明""不超银行贷款利率"三项条件的利息支出，可以在土地增值税税前扣除，扣除方法有"据实扣除"和"计算扣除"两种。上述政策并未明确土地增值税下统借统还利息支出是否属于合理的利息支出，更未明确能否按照据实方法进行扣除。

三、各地口径

在业务实操中，项目公司实际利息支出普遍高于按照计算扣除的金额，据实扣除方法对企业更为有利。但是在税法实践中，各地税务机关对于统借统还利息支出能否适用据实扣除的方法，存在不同的执行口径。

1. 允许据实扣除

天津市、青岛市等地税务机关曾发文，规定统借统还利息支出允许在土地增值税税前据实扣除。

《天津市地方税务局关于土地增值税清算有关问题的公告》（天津市地方税务局公告2015年第9号，已失效）规定："以集团名义贷款并实行统借统还的，凡能提供集团借款合同和支付利息凭证，并由集团提供资金使用及房地产开发项目利息支出情况分配表的，可以据实扣除。"

《青岛市地方税务局关于发布〈房地产开发项目土地增值税管理办法〉的公告》（青岛市地方税务局公告 2016 年第 1 号）规定："企业集团或其成员企业统一向金融机构借款，并按借款合同指定的分摊对象和用途借给集团内部其他成员企业使用，并且按照支付给金融机构相同的借款利率收取利息的，可以凭借入方出具的金融机构借款的证明和集团内部分配使用决定，在使用借款的企业间合理分摊利息费用，据实扣除。"

2. 不允许据实扣除

《大连市地方税务局关于土地增值税征收管理若干问题的公告》（大地税公告〔2014〕1 号）规定：对于统借统还贷款或关联企业贷款后转给房地产开发企业使用而产生的利息支出，在计算土地增值税时，不得据实扣除，应按取得土地使用权所支付的金额与房地产开发成本金额之和的 10％计算扣除。

可以看出两种截然相反的结论的争议焦点是：土地增值税利息扣除政策规定的"提供金融机构证明"是否必须是"项目公司取得"的金融机构证明。

四、疑难分析

1. 统借统还利息支出在三大税种税法逻辑上不一致

在统借统还业务中，核心企业向项目公司收取的利息不高于向金融机构支付的利息时，核心企业的该利息收入免征增值税，同时项目公司的利息支出准予在税前扣除，增值税与企业所得税在此问题上的税法逻辑是一致的，符合实质重于形式的原则，也使两个税种对同一业务的处理更加协调。但是目前在土地增值税方面，统借统还利息支出据实扣除还存在很大的障碍，其税法逻辑与增值税、企业所得税暂不一致，造成三大税种在同一问题上的不协调、不统一。

2. 统借统还利息支出不能据实扣除导致企业税负上升

统借统还业务下，如果税务机关不考虑核心企业只是通道方、资金由项目公司使用并承担利息的客观情况，只强调"金融机构证明"必须是项目公司取得，则项目公司只能选择计算扣除利息的方法，这将导致扣除项目金额减少，造成土地增值税税负上升。

五、编者建议

统借统还业务下，项目公司的利息支出虽无法取得直接向金融机构借款的证明，如可以提供核心企业向金融机构借款的协议、结息单及发票、统借统还协议及集团公司内部利息分配明细，可以证明项目公司才是资金实际使用方，其负担的利息与直接向金融机构借款形成的利息没有本质区别，同样是企业合理的利息支出，应可以适用据实扣除的方法。

建议国家财税部门基于税收中性原则、实质课税原则，对房地产开发企业的项目公司因统借统还业务形成的利息支出给予确定性的政策，保持执行口径的一致性。

税金及附加在土地增值税中的扣除

房地产开发项目在进行土地增值税清算时，项目开发涉及的城市维护建设税（以下简称城建税）和教育费附加怎样在土地增值税清算时扣除，各地税务机关在执行口径上存在一定的差异。

一、业务背景

房地产开发企业在开发项目达到清算条件后，需要按税法规定进行土地增值税清算，项目实际缴纳的城建税和教育费附加可以据实扣除。

在营业税体制之下，营业税的计算是直接用收入乘以税率，各清算单位实际发生城建税和教育费附加可以准确计算。在增值税体制下，若项目采用简易计税方法，各清算单位实际发生城建税和教育费附加也可以准确计算；若项目采用一般计税方法，由于房地产项目在申报纳税时，销项税和进项税并不存在一一对应关系，会计核算上无须对不同项目的收入对应的应纳增值税进行分别核算。直接造成的结果就是存在多个清算单位的房地产项目，难以确定某一个清算项目具体缴纳的增值税和税金及附加。

根据《国家税务总局关于营改增后土地增值税若干征管规定的公告》（国家税务总局公告 2016 年第 70 号）的规定：房地产开发企业实际缴纳的城建税和教育费附加，凡能够按清算项目准确计算的，允许据实扣除；凡不能按清算项目准确计算的，则按该清算项目预缴增值税时实际缴纳的城建税、教育费附加扣除。在实务处理中，目前的税法规定可能会导致部分房地产项目缴纳的税金及附加不能据实扣除，而只能按清算项目预缴增值税时实际缴纳的城建税、教育费附加扣除。

案例

A 房地产公司开发甲项目，项目分两期，增值税采用一般计税方式，假定甲项目一期不含税销售收入 10 000 万元，二期不含税销售收入 20 000 万元，一期和二期预缴增值税分别为 300 万元和 600 万元，一期和二期应预缴的税金及附加分别为 30 万元和 60 万元。假定该项目毛利较高且一期和二期无法独立核算增值税和税金及附加，一期和二期实际缴纳的增值税为 1 200 万元，实际缴纳的税金及附加为 120 万元。在甲项目进行土地增值税清算时，确定一期清算单位可以扣除的税金及附加可能会出现意外的情形。

按照国家税务总局公告 2016 年第 70 号的规定，对凡不能按清算项目准确计算的，则按该清算项目预缴增值税时实际缴纳的城建税、教育费附加扣除。甲项目一期和二期可以扣除的税金及附加分别为 30 万元、60 万元，合计可扣除金额为 90 万元。而在项目实际缴纳的 120 万元税金及附加中，有 30 万元无法扣除。

二、相关政策

关于房地产开发企业土地增值税清算税金及附加的扣除规定，国家税务总局层面主要是《国家税务总局关于营改增后土地增值税若干征管规定的公告》（国家税务总局公告 2016 年第 70 号）。该公告第三条对关于与转让房地产有关的税金扣除问题规定如下：

（一）营改增后，计算土地增值税增值额的扣除项目中"与转让房地产有关的税金"不包括增值税。

（二）营改增后，房地产开发企业实际缴纳的城市维护建设税（以下简称"城建税"）、教育费附加，凡能够按清算项目准确计算的，允许据实扣除。凡不能按清算项目准确计算的，则按该清算项目预缴增值税时实际缴纳的城建税、教育费附加扣除。

其他转让房地产行为的城建税、教育费附加扣除参照上述规定执行。

三、各地口径

实践中各地有较大差异，部分地方直接参照国家税务总局公告

2016年第70号要求执行；也有部分地方在该公告的基础上，结合实务中出现部分项目实际缴纳的税金及附加不能足额扣除的问题，对税金及附加扣除的规定进行了细化和补充。具体规定如下：

（1）参照国家税务总局公告2016年第70号的要求执行。

以天津为例，根据《天津市地方税务局关于土地增值税清算有关问题的公告》（天津市地方税务局公告2016年第25号）的规定："营改增后，房地产开发企业实际缴纳的城建税、教育费附加，凡能够按清算项目准确计算的，允许据实扣除。凡不能按清算项目准确计算的，则按该清算项目预缴增值税时实际缴纳的城建税、教育费附加扣除。"

（2）对税金及附加扣除的规定进行了细化和补充。

以B市为例，部分地方在税金及附加扣除的问题上，没有直接引用国家税务总局公告2016年第70号，而是在其基础上进行了细化和补充，B市税务机关执行的口径如下：

1）房地产开发企业开发单一房地产项目，并属于单一清算单位，缴纳税金附加能按清算单位准确计算，税金及附加可据实扣除。

2）房地产开发企业开发单一房地产项目，包括多个清算单位，缴纳税金及附加不能按清算单位准确计算。对于该项目缴纳的税金及附加能准确计算的，各清算单位的税金及附加采取清算收入占比法分摊计算；但对于该项目缴纳的税金及附加不能准确计算的，则按清算单位预缴增值税对应的税金及附加扣除。

（3）房地产开发企业同时开发多个房地产项目，缴纳税金及附加不能按项目（清算单位）准确计算，按清算单位预缴增值税对应的税金及附加扣除。

（4）清算单位中各类已售房产对应的税金及附加，按清算收入占比法分摊计算。

案例再分析：

前述案例如按照 B 市的规定，A 房地产公司甲项目缴纳的总的税金及附加能准确计算，各清算单位的税金及附加允许采取清算收入占比法分摊计算，故一期、二期可以扣除的税金及附加分别为 40 万元（120×10 000÷30 000）、80 万元（120×20 000÷30 000），可以在计算土地增值税时足额扣除。

四、疑难分析

在房地产开发项目不能按清算项目准确计算税金及附加的前提下，若房地产项目的增值税实际税负率超过预征率，那么该项目实际负担的税金及附加也会超过预缴增值税时缴纳的税金及附加。在此情况下，土地增值税清算如果按该清算项目预缴增值税时实际缴纳的城建税、教育费附加扣除，会导致实际缴纳的税金及附加不能完全在土地增值税清算时扣除。可见，单一采用预缴税金及附加作为土地增值税税前扣除的标准，虽然操作起来较为简单，但存在导致部分项目清算无法足额扣除税金及附加的情形。因此，有必要对税金及附加扣除的计算方法进行更为科学的完善。

五、编者建议

结合实际操作和土地增值税的立法精神，B市对税金及附加在土地增值税中扣除方式的认定能更真实地体现项目的实际税负，符合税前扣除遵循的相关性、实际发生和合理性原则，为征纳双方解决项目实际缴纳的税金及附加无法在税前足额扣除的问题，提供了有益的借鉴。

建议读者在实操时与主管税务机关就相关内容进行充分的沟通，以减少其中的税收风险。

地方教育附加在土地增值税中的扣除

房地产开发项目在进行土地增值税清算时，涉及的地方教育附加能否在土地增值税清算时扣除，目前税收政策规定得不明确。T20成员单位对地方教育附加在土地增值税中的扣除问题进行了研究。

一、业务背景

根据《中华人民共和国教育法》、《国家中长期教育改革和发展规划纲要（2010—2020年）》的相关规定和《财政部关于统一地方教育附加政策有关问题的通知》（财综〔2010〕98号）的要求，各省（区、市）人民政府应开征地方教育附加，地方教育附加统一按单位和个人实际缴纳的增值税、消费税、营业税税额的2%征收。房地产企业销售商品房应在缴纳增值税的同时，随征教育费附加及地方教育附加。

房地产企业缴纳的地方教育附加能否也视同与转让房地产有关的税金在土地增值税清算时予以扣除？国家税务总局层面没有对此进行解释，各地的执行口径也存在一定差异。

二、相关政策

对于国家税务总局的相关政策规定，下面按营改增前后两个时期来分析。

1. 营改增前

《国家税务总局关于房地产开发企业土地增值税清算管理有关问题的通知》（国税发〔2006〕187号）第四条"土地增值税的扣除项目"第（一）项规定："房地产开发企业办理土地增值税清算时计算与清算项目有关的扣除项目金额，应根据土地增值税暂行条例第六条及其实施细则第七条的规定执行。"

《土地增值税暂行条例》（2011年修订）第六条规定，与转让房地产有关的税金在计算土地增值额时可以扣除。

《土地增值税暂行条例实施细则》第七条第（五）项规定："与转让房地产有关的税金，是指在转让房地产时缴纳的营业税、城市维护建设税、印花税。因转让房地产交纳的教育费附加，也可视同税金予以扣除。"

2. 营改增后

《关于营改增后土地增值税若干征管规定的公告》（国家税务总局公告2016年第70号）第三条"关于与转让房地产有关的税金扣除问题"规定：

（一）营改增后，计算土地增值税增值额的扣除项目中"与转让房地产有关的税金"不包括增值税。

（二）营改增后，房地产开发企业实际缴纳的城市维护建设税（以下简称"城建税"）、教育费附加，凡能够按清算项目准确计算的，允许据实扣除。凡不能按清算项目准确计算的，则按该清算项目预缴增值税时实际缴纳的城建税、教育费附加扣除。

其他转让房地产行为的城建税、教育费附加扣除参照上述规定执行。

无论是营改增前还是营改增后，国家税务总局出台的文件都没有对地方教育附加是否属于与转让房地产有关的税金进行明确。

三、各地口径

实践中各地有较大差异，部分地方明确不允许扣除，而另外一些地方就明文规定支持扣除，现举例如下。

1. 不允许扣除的省市

（1）甘肃。甘肃省地方税务局于2015年9月25日发布的12366问题汇编中，针对提问"土地增值税清算时规定可以扣除的与转让房地产有关的税金是否包括地方教育附加"，答复如下："《土地增值税暂行条例实施细则》第七条第五款规定：'与转让房地产有关的税金，是指在转让房地产时缴纳的营业税、城市维护建设税、印花税。因转让房地产交纳的教育费附加，也可视同税金予以扣除。'按规定，允许扣除的是教育费附加，不是地方教育附加。"

（2）合肥。合肥市地方税务局劳财处于2015年2月3日在合肥市地方税务局网上咨询中心，针对"因转让房地产交纳地方教育附加，在土地增值税清算时可否视同税金予以扣除"问题，回复"按相关文件规定，地方教育附加不允许扣除"。

（3）宁波。宁波市税务局认为国家层面文件未将地方教育附加列举为可扣除税金之一，据此不允许扣除。其在解答问题时回复如下："不能扣除。《国家税务总局关于营改增后土地增值税若干征管规定的公告》（国家税务总局公告2016年第70号）第四条第二款允许扣除的税金为'与转让房地产有关的税金＝营改增前实际缴纳的营业税、城建税、教育费附加＋营改增后允许扣除的城建税、教育费附加'。"

2. 允许扣除的省市

（1）北京。《北京市地方税务局土地增值税清算管理规程》（北京市地方税务局公告2016年第7号）第十八条第（九）项规定："与转让房地产有关的完税凭证，包括：已缴纳的营业税、城市维护建设税、教育费附加、地方教育附加等。"

（2）重庆。《土地增值税等财产行为税政策执行问题处理意见》（渝财税〔2015〕93号）规定："纳税人转让房产缴纳的地方教育附加，可计入'与转让房地产有关的税金'予以扣除。"

（3）广州。《广州市地方税务局关于印发土地增值税清算工作若干问题处理指引（2012年修订版）的通知》（穗地税函〔2012〕198

号)第十三条规定:"房地产开发企业转让房地产时缴纳的堤围防护费、地方教育附加以及价格调节基金视同与转让房地产有关的税金予以扣除。"

因此,在土地增值税清算时能否扣除地方教育附加,各地税务机关的执行口径差异较为明显。

四、疑难分析

从国家税务总局层面来说,目前没有文件直接支持在土地增值税清算时,地方教育附加可计入与转让房地产有关的税金予以扣除。在《国家税务总局关于修订土地增值税纳税申报表的通知》(税总函〔2016〕309号)中,土地增值税纳税申报表(二)中"与转让房地产有关的税金"也不包含地方教育附加。这也是部分省市不允许地方教育附加在土地增值税税前扣除的主要依据。

鉴于地方教育附加是2010年开征的,而1995年出台《土地增值税暂行条例实施细则》时,国家层面仅开征了教育费附加,因而只规定了教育费附加可计入转让房地产有关的税金。根据《国务院关于进一步加大财政教育投入的意见》(国发〔2011〕22号)的精神,教育费附加和地方教育附加都是我国扩大教育经费来源的重要渠道,是我国财政性教育经费的两大来源。

教育费附加和地方教育附加除在立法层次、征收费率和收入在中央和地方的分配机制上存在差异外,两者都以单位和个人实际缴纳的增值税、消费税、营业税的税额为计税依据,都是附加税。从国发〔2011〕22号文的立法精神出发，地方教育附加与教育费附加的性质一样，均为房地产转让环节按照固定比例缴纳给政府的费用，参照教育费附加，准予在土地增值税税前扣除更符合法理。这也是部分省市允许地方教育附加在土地增值税税前扣除的主要依据。

教育费附加和地方教育附加都属于转让房地产时产生税金的附加税，若仅允许教育费附加可视同税金在土地增值税税前予以扣除，而不允许地方教育附加可视同税金在土地增值税税前予以扣除，显然缺少充足的理由。

五、编者建议

目前地方教育附加是否可视同税金在土地增值税税前予以扣除缺乏全国统一的文件，各地实际执行时存在较大差异，房地产开发企业在执行税法进行相关操作，以及税务机关在执法中都容易引发风险。建议国家税务总局层面出台相关文件，明确因转让房地产交纳的地方教育附加，是否可视同税金在土地增值税税前予以扣除，并酌情在土地增值税纳税申报表"与转让房地产有关的税金"项下增加地方教育附加栏次。

读者在实操时需要与主管税务机关进行充分的沟通，以减少其中的税务风险。

"计税价格明显偏低"和"无正当理由"如何界定

一、业务背景

在实务中,"计税价格明显偏低"和"无正当理由"常常是税企争议的焦点。由于缺少定量的定义,对明显偏低的认定,各地在操作过程中依据的标准往往不一,是低于销售均价的20%可以认定为计税价格明显偏低,还是低于销售均价的30%甚至50%认定为计税价格明显偏低?同样,关于何为"无正当理由",有关土地增值税的文件中也没有明确的描述。

二、相关政策

《国家税务总局关于印发〈土地增值税清算管理规程〉的通知》(国税发〔2009〕91号)第三十四条规定:"在土地增值税清算中符合以下条件之一的,可实行核定征收。……(五)申报的计税依据明显偏低,又无正当理由的。"

三、疑难分析

在进行土地增值税清算时，关于"存在售价偏低且无正当理由的"这一问题，不同的税务机关对于售价偏低没有一个统一的标准，不同地方的口径差异较大；对于无正当理由，部分税务机关已发文明确，但也有很多税务机关没有发文明确，基本上靠基层税务人员自行理解，自由裁量权过大，导致税企争议不断。

四、编者建议

（1）明确"计税价格明显偏低"的标准。计税价格明显偏低可以参照最高人民法院 2009 年 4 月发布的法释〔2009〕5 号文规定。

最高人民法院《关于适用〈中华人民共和国合同法〉若干问题的解释（二）》（法释〔2009〕5 号）指出，对于《合同法》第七十四条规定的"明显不合理的低价"，人民法院应当以交易当地一般经营者的判断为准，并参考交易当时交易地的物价部门指导价或者市场交易价，综合考虑其他相关因素予以确认。转让价格达不到交易时交易地的指导价或者市场交易价 70% 的，一般可以视为明显不合理的低价；对于转让价格高于当地指导价或者市场交易价 30% 的，一般可以视为明显不合理的高价。

（2）建议明确对"无正当理由"的规定。对于"无正当理由"这个概念的内涵和外延，可借鉴《中华人民共和国企业所得税法》

（2018年修正，以下简称《企业所得税法》）第四十七条中有关"不具有合理商业目的"的精神去把握，充分尊重市场规则和契约精神，既利于减少征纳争议，也便于税务机关和法院做出公正判定。

《企业所得税法》第四十七条规定，企业实施其他不具有合理商业目的的安排而减少其应纳税收入或者所得额的，税务机关有权按照合理方法调整。《中华人民共和国企业所得税实施条例》（2019年修订）第一百二十条指出，《企业所得税法》第四十七条所称不具有合理商业目的，是指以减少、免除或者推迟缴纳税款为主要目的。

具体而言，"无正当理由"可参照"不具有合理商业目的"的精神，从合理性、内涵及标准三个方面把握。"无正当理由"的认定应满足以下三个条件：

一是必须存在人为规划的一个或一系列行动或交易安排；

二是企业必须从该安排中获取减少应纳税额的税收利益；

三是企业将获取税收利益作为其从事某种安排的唯一或者主要目的。

如果纳税人的行为满足了这三个条件，则可断定其行为已经构成"无正当理由"。

普通住宅认定标准滞后问题

目前部分省份未能及时更新普通住宅的标准，现有标准明显落后于形势发展，会造成优惠政策在一定情形下无法落实。有必要对此问题进行研究。

一、业务背景

普通住宅是指按所在地一般民用住宅标准建造的居住用住宅（以下简称"普宅"），非普通住宅指超过普通群众基本居住需求和负担能力的住宅（以下简称"非普宅"）。根据《国务院办公厅转发建设部等部门关于做好稳定住房价格工作意见的通知》（国办发〔2005〕26号）第五条，普宅应满足建筑容积率、单套建筑面积、同级别土地上住房平均交易价格等标准。

国家一直通过调整住房供应结构和推行普宅土地增值税税收优惠政策，来鼓励房地产行业多投资建设能够满足普通群众基本居住需求的普宅。根据《土地增值税暂行条例实施细则》第十一条，增值率低于20%的普宅免征土地增值税。

现实中由于房价快速波动，导致各地区普宅标准中的平均交易价格标准滞后于实际情况，本应属于满足人民群众基本居住需求的普宅成为豪宅（即非普宅），房地产企业也不能享受到土地增值税优惠政策，导致国家鼓励普宅建设的政策不能完全落实。

二、相关政策

《国务院办公厅转发建设部等部门关于做好稳定住房价格工作意见的通知》（国办发〔2005〕26号）第五条明确享受优惠政策普通住房标准，"住宅小区建筑容积率在1.0以上、单套建筑面积在120平方米以下、实际成交价格低于同级别土地上住房平均交易价格1.2倍以下"即为普通住宅，同时规定"各省、自治区、直辖市要根据实际情况，制定本地区享受优惠政策普通住房的具体标准。允许单套建筑面积和价格标准适当浮动，但向上浮动的比例不得超过上述标准的20%"。

三、各地口径

国务院下发相关文件后，各省相继明确了本省普通住宅标准。随着时间的推移，住房市场发生了巨大变化，但很多省份未能及时更新普通住宅的标准，特别是有些省份以房屋总体售价作为标准，完全与房地产市场价格脱节。

以某东北中心城市为例，2018年税务机关仍根据2015年政府文件中单套住宅总价作为普宅价格认定标准。根据该政策文件，普宅单套200万元以下，面积小于144平方米，那么当地普宅每平方米销售价格不能高于1.38万元/平方米。然而当地2017年末土地拍卖的楼面地价已达到1.29万元/平方米，2018年土地拍卖的楼面地价普遍突破1.1万元/平方米。考虑建造成本后，该市普宅售价必将突破2015年的普宅标准。这也将造成一些面积不大、总价也只是一般水平的住宅成为非普宅，甚至会造成一定区域内无普宅可售的不合理现象。

因此，在税收征管中，各地区税务机关没有及时更新并公布普宅平均交易价格的认定标准，让房地产开发企业承担了不合理的税负，并弱化了普宅建设的意愿，进而导致国家鼓励普宅建设的政策不能完全落实。

四、编者建议

建议在国家税务总局的协调下，各省市税务局协调省市政府及时更新普通住宅标准，或根据当地普通住宅标准每年增加调整系数。

普通住宅可否放弃免税优惠

根据《土地增值税暂行条例》(2011年修订)的规定,普通标准住宅的增值率未超过20%的,可享受免税待遇。对于土地增值税清算中是否可以放弃普通住宅免税优惠,将普通住宅和非普通住宅合并清算的事项,各地的执行口径并不一致,企业更倾向于税务机关给予企业选择权。

一、业务背景

在实务中,由于某些房地产项目中普通住宅是负增值,而非普通住宅保持增值,此时企业会提出放弃普通住宅的免税待遇,要求将两者合并计算增值额。

我们先来看两个案例。

案例1 ◀◀◀

安徽省某市于某年开发的一个项目,清算时测算发现普通住宅增值额为-9.47%,非普通住宅增值额为17.86%,清算时应缴土地增值税税额579.23万元,前期预缴1 525.42万元,清算可退税946.19万元。若将普通住宅和非普通住宅合并清算,清算时应缴土地增值税税额0万元,清算可退税1 525.42万元,最终该项目按照合并清算的方案进行清算申请,获得了主管税务机关的批准。

案例2

浙江省某市于某年开发的一个项目,清算时测算发现普通住宅增值额为－28.36%,非普通住宅增值额为13.25%,清算时应缴土地增值税税额2 651.20万元,前期预缴5 537.33万元,清算可退税2 886.13万元。若将普通住宅和非普通住宅合并清算,清算时应缴土地增值税税额0万元,清算可退税5 537.33万元,因两类方案退税金额差异较大,该项目按照合并清算的方案进行清算申请,与税务局据理力争,但税务局根据浙江省地税局2014年第16号公告第二条第(二)项规定,即"对一个清算单位中的不同类型房地产开发产品应分别计算增值额的,对其共同发生的扣除项目,按照建筑面积法进行分摊。若不同类型房地产开发产品中有排屋、别墅类型的,对清算单位取得土地使用权所支付的金额,可按照占地面积法进行分摊"进行反驳,未准予合并清算,实际按照两分法进行清算,退税2 886.13万元。

由普通住宅免税政策,衍生出各地不同的执行口径,且不同开发企业、税务人员也持有以上两种观点。

二、相关政策

（1）《土地增值税暂行条例》（2011年修订）（国务院令第588号）第八条规定："有下列情形之一的，免征土地增值税：（一）纳税人建造普通标准住宅出售，增值额未超过扣除项目金额20%的；（二）因国家建设需要依法征收、收回的房地产。"

（2）《财政部、国家税务总局关于土地增值税一些具体问题规定的通知》（财税字〔1995〕48号）第十三条就"关于既建普通标准住宅又搞其他类型房地产开发的如何计税的问题"规定："对纳税人既建普通标准住宅又搞其他房地产开发的，应分别核算增值额。不分别核算增值额或不能准确核算增值额的，其建造的普通标准住宅不能适用条例第八条（一）项的免税规定。"

（3）《财政部、国家税务总局关于土地增值税若干问题的通知》（财税〔2006〕21号）第一条就"关于纳税人建造普通标准住宅出售和居民个人转让普通住宅的征免税问题"规定："《条例》第八条中'普通标准住宅'和《财政部、国家税务总局关于调整房地产市场若干税收政策的通知》（财税字〔1999〕210号）第三条中'普通住宅'的认定，一律按各省、自治区、直辖市人民政府根据《国务院办公厅转发建设部等部门关于做好稳定住房价格工作意见的通知》（国办发〔2005〕26号）制定并对社会公布的'中小套型、中低价位普通住房'的标准执行。纳税人既建造普通住宅，又建造其他商品房的，应分别核算土地增值额。"

(4)《国家税务总局关于房地产开发企业土地增值税清算管理有关问题的通知》(国税发〔2006〕187号)第一条规定："开发项目中同时包含普通住宅和非普通住宅的,应分别计算增值额。"

由此可见,《土地增值税暂行条例》(2011年修订)只对普通标准住宅增值率未超过20%的免税优惠进行了明确,并没有要求普宅必须单独清算享受免税优惠,财税字〔1995〕48号文也没有强制免税必须享受,但财税〔2006〕21号文和国税发〔2006〕187号文明确规定普宅和非普宅应分别清算。

三、各地口径

1. 普宅与非普宅可合并清算

《安徽省土地增值税清算管理办法》(国家税务总局安徽省税务局公告2018年第21号)第五十三条规定:"纳税人按照本办法第二十一条规定办理清算申报时,对同一开发项目或同一分期项目中既建有普通标准住宅又建有非普通标准住宅(其他类型房地产)的,如纳税人在清算报告中就其普通标准住宅申请免征土地增值税,应分别计算增值额、增值率以及应缴的土地增值税;如纳税人在清算报告提出放弃申请免征普通标准住宅土地增值税权利的,应以整个开发项目为对象,统一计算增值额、增值率以及应缴的土地增值税。"

2. 普宅与非普宅之前可合并清算,现规定应分别清算

《天津市地方税务局关于发布〈天津市土地增值税清算管理办

法〉的公告》(天津市地方税务局公告 2016 年第 24 号)第六条规定："房地产开发项目中同时包含普通住宅、非普通住宅或其他类型房地产的,应分别进行土地增值税清算。"

3. 普宅与非普宅应分别清算（政策不完全列举）

(1) 广州。穗地税函〔2012〕198 号第十四条规定："同一房地产项目中既建造普通住宅、又建造其他商品房的,进行清算时,应分别计算增值额、增值率,分别核算土地增值税。"

(2) 青岛。青岛地方税务局公告 2018 年第 4 号第八条规定："主管税务机关应当按照普通住宅、非普通住宅和其他类型房地产三种类型确定的预征率进行预征,并按规定的三种类型进行清算审核。"

(3) 贵州。国家税务总局贵州省税务局公告 2016 年第 13 号第五条规定："房地产开发企业在房地产开发项目中既建造普通住宅,又建造其他类型房地产的,在土地增值税清算时,应当按'普通住宅'和'其他类型房地产'分别计算增值额、增值率,缴纳土地增值税。普通住宅增值率未超过 20% 的,免征土地增值税；增值率超过 20% 的,应征收土地增值税。"

(4) 宁波。根据浙江省宁波市地方税务局公告 2015 年第 1 号第一条规定,房地产清算项目按以下三种房地产类型分别计算增值额和增值率：第一类：普通住宅；第二类：非普通住宅；第三类：其他类型房地产。

(5) 大连。大地税函〔2018〕188 号第一条规定："对同一项目中，既有普通标准住宅，又有非普通标准住宅的，应当按建筑面积分摊扣除项目，分别核算增值额。"

（6）山东。山东省地方税务局公告 2017 年第 5 号第十四条规定："各市地方税务局应当按照普通住房、非普通住房和其他房地产三种类型，科学合理地确定预征率进行预征，并按规定进行清算。"

（7）厦门。厦门地方税务局公告 2016 年第 7 号第二十六条规定："清算项目中包含不同房地产类型的，应当分别计算增值额、增值率，缴纳土地增值税。"

（8）四川。四川省地方税务局公告 2015 年第 5 号第二条规定："同一清算单位中同时包含多种房地产类型的，应按普通标准住宅、非普通标准住宅、非住宅三种类型分别计算增值额、增值率，并据此申报土地增值税。"

（9）重庆。重庆市地方税务局公告 2014 年第 9 号第一条第（二）项规定："清算单位中建造多类房产的，应按普通住宅、非普通住宅、非住宅，确认计税收入、扣除项目金额，分别计算增值额和土地增值税。"

（10）黑龙江。黑龙江省地方税务局公告 2016 年第 2 号第十六条规定："对普通标准住宅、非普通标准住宅和其他类型房地产是否分别计算增值额、增值率，缴纳土地增值税。"

（11）吉林。吉林省地方税务局公告 2014 年第 1 号第三条规定："土地增值税清算要按普通标准住宅、非普通标准住宅和其他类型房产分别计算土地增值税。纳税人建造普通标准住宅出售，增值额未超过扣除项目金额 20％的，经主管税务机关审核，免征土地增值税。"

（12）江苏。苏地税规〔2015〕8 号第一条规定："同一清算单位中包含普通住宅、非普通住宅、其他类型房产的，应分别计算收入、扣除项目金额、增值额、增值率和应纳税额。"

（13）内蒙古。内地税字〔2014〕159 号第二条规定："清算单位应按照普通标准住宅、非普通标准住宅、非住宅类型分类，实行查账清算或核定征收清算土地增值税。"

（14）宁夏。宁政发〔2015〕43 号第四条第（三）项规定："出售不同房屋类型的应按普通住房、非普通住房和其他类型房地产分别计算申报。"

（15）山西。山西省地方税务局公告 2014 年第 3 号第四条规定："同一清算单位中既有普通标准住宅又有非普通住宅及其他房地产开发项目的，应当分别核算增值额，计征土地增值税。未分别核算或不能分别核算增值额的，建造的普通标准住宅不能适用条例第八条（一）项的免税规定，应当按合理的方式分别计算住宅和其他房地产开发项目的增值额。"

（16）新疆。新疆维吾尔自治区地方税务局公告 2016 年第 6 号第一条规定："同一清算单位中包含普通住宅、非普通住宅、其他类型房地产的，应分别计算收入、扣除项目金额、增值额、增值率和应纳税额。"

(17) 江西。赣地税发〔2013〕117号第五条规定："土地增值税清算时未转让的房地产（包括地下车库、车位），清算后销售或有偿转让的，纳税人应按普通住宅与其他类型房产区分核算对象，依据国税发〔2006〕187号文的规定，分别计算土地增值税，按规定申报缴纳。"

(18) 广东。广东省地方税务局公告2014年第3号第十三条规定："同一个项目，既建造普通住宅，又建造其他商品房的，应分别计算增值额、增值率，分别清算土地增值税。"

四、疑难分析

有人认为，国税发〔2006〕187号文的依据是《土地增值税暂行条例》（以下简称《条例》），《条例》表述的意思是为了享受20%的免税优惠，建设普通住宅，又建造其他商品房的，要分别核算。而国税发〔2006〕187号文描述的是"同时包含普通住宅和非普通住宅的，应分别计算增值额"，其中的"应"字，在一般文件中可以理解为必须。严格来讲，《条例》是上位法，后续发文是对《条例》的突破。但是后续多数省市在地方落地政策上明确普通住宅和非普通住宅应分别清算土地增值税，这已成为一种普遍认可的做法，要突破难度较大。

此外，从立法目的来看，《条例》中对普通住宅的增值率在20%以下的项目实行免税政策的目的是政府通过降低税负的方式引导开发商提升普通住宅的建设比例，使大部分人可以改善住房，其本质是惠民政策。

而在普通住宅负增值、非普通住宅正增值的情况下，强制普通住宅独立清算，是一种税收惩罚，有悖于立法的初衷。原因在于，税收的本质是国家以法律规定向经济单位和个人无偿征收实物或货币所形成的特殊分配关系。这种分配关系的主体是国家，分配的客体是社会剩余产品，不论税款由谁缴纳，一切税源都来自当年劳动者创造的国民收入或以往年度积累下来的社会财富。由此可知，税源是每个纳税主体各自分别积累下来的社会财富，然后再将其合计。而在普通住宅负增值、非普通住宅正增值的情况下，积累下来的财富应是同一项目主体内盈亏互抵后的增值额，即普通住宅和非普通住宅合并的增值额，以此作为税基计算应缴纳的土地增值税，是符合税法的本质的。

再者，近年来，国家税务总局持续贯彻以"不额外增加纳税人负担"为核心的减税降负精神。在普通住宅负增值、非普通住宅正增值的情况下，各地强制分别计算土地增值税的规定无疑增加了纳税人的负担，不符合减税降负大环境的要求。

五、编者建议

在普通标准住宅负增值、而非普通标准住宅正增值的情况下，清算时普通住宅和非普通住宅是可以合并清算还是应该分别清算？

目前，在安徽省，纳税人可自主选择合并清算或者分别清算。在其他省份，当地政策要求普通住宅与非普通住宅分别清算。

基于税收的公平性和上文所提到的税理本质、涉税大环境等论点，建议给予纳税人自主选择普通住宅和非普通住宅合并清算或者分别清算的权利。希望各省市税务局乃至国家税务总局出台相关政策，支持纳税人自主选择清算方式。

无偿移交配建物业的土地增值税处理

随着国家对房地产行业的调控，各地政府为实现"稳地价、稳房价"的目标，采用"限地价、竞配建"土地拍卖模式的地方越来越多。此模式的核心问题是房企要向政府无偿移交配建房，企业在实操过程中如果这类业务处理不当，会引发涉税风险。

一、业务背景

当前，政府出让土地存在"竞配建模式"。这种模式是指在土地招拍挂中，当土地竞拍价达到政府限定价的上限后，转为竞拍配建产权，出价最高、产权移交住房配建面积最大者为竞得人。在这种土地出让方式下，出让人要求竞得人除了支付土地出让金以外，必须配建保障性住房、公租房、廉租房、人才公寓等配建物业且建成后须无偿移交给政府，用于安置拆迁户或其他公益目的。

上述住房或其他物业无偿移交给政府时土地增值税该如何处理，目前相关文件的规定不甚明确。

二、相关政策

（1）《国家税务总局关于房地产开发企业土地增值税清算管理有

关问题的通知》(国税发〔2006〕187号)第四条第(三)项规定:"房地产开发企业开发建造的与清算项目配套的居委会和派出所用房、会所、停车场(库)、物业管理场所、变电站、热力站、水厂、文体场馆、学校、幼儿园、托儿所、医院、邮电通讯等公共设施,按以下原则处理:1.建成后产权属于全体业主所有的,其成本费用可以扣除;2.建成后无偿移交给政府、公用事业单位用于非营利性社会公共事业的,其成本、费用可以扣除。"

(2)《土地增值税清算管理规程》第十九条规定,房地产开发企业将开发产品用于职工福利、奖励、对外投资、分配给股东或投资人、抵偿债务、换取其他单位和个人的非货币性资产等,发生所有权转移时应视同销售房地产,并按同一地区同期同类房地产的平均价格或评估价值确定其收入。

三、各地口径

地方规定主要分为三类。

(1)参考国税函〔2010〕220号文的规定[①],将配建物业按视同销售处理,确认收入,同时将此确认为房地产开发项目的拿地成本(处理思路类似于该文的拆迁补偿费)处理。

---

① 《国家税务总局关于土地增值税清算有关问题的通知》(国税函〔2010〕220号)第六条第(一)项规定:"房地产企业用建造的本项目房地产安置回迁户的,安置用房视同销售处理,按《国家税务总局关于房地产开发企业土地增值税清算管理有关问题的通知》(国税发〔2006〕187号)第三条第(一)款规定确认收入,同时将此确认为房地产开发项目的拆迁补偿费。房地产开发企业支付给回迁户的补差价款,计入拆迁补偿费;回迁户支付给房地产开发企业的补差价款,应抵减本项目拆迁补偿费。"

(2) 参考国税发〔2006〕187号文将配建物业作为公共设施扣除相关成本。

(3) 将配建物业按视同销售处理。

四、疑难分析

配建房建成后须无偿移交给政府，现行土地增值税政策未明确用于其他公益目的的保障性住房、公租房、廉租房、人才公寓等配建物业的土地增值税处理方式。

某地区税务机关出台相关政策，将配建物业视同销售确认收入，但不确认为拿地成本。作为拿地条件向政府移交配建物业，并非纯粹的"无偿"，因为如果企业不配建物业，就不能取得用地或需要支付更高的土地出让金，若将配建物业视同销售，应确认为拿地成本。

较为合理的处理方式可参考国税函〔2010〕220号文及国税发〔2006〕187号文，主要有两种：

(1) 视同销售确认收入，同时将此确认为房地产开发项目的拿地成本。

(2) 比照国税发〔2006〕187号文，作为公共设施扣除相关成本。该文按公共设施成本费用扣除处理的物业具有公益性质，受益人群为业主及社会公众。

在实际中，究竟适用何种处理方式，不同地区的判断依据亦不相同，部分地区以产权是否发生转移为着眼点，根据配建物业是否首先确权到房地产公司判断是否视同销售。具体要求为，当配建产权移交房的初始产权登记到开发企业名下，再变更登记至政府指定机构时，即视为发生了不动产产权转移，按视同销售计算缴纳土地增值税。房地产公司则在视同销售确认转让房地产收入的同时，按相同金额归集入"取得土地使用权所支付的价款"，并予以扣除。如政府要求配建产权移交房的初始产权直接初始登记至政府指定的相关机构时，则按公共配套设施扣除相关成本。

五、编者建议

上述视同销售并确认拿地成本，或视同公共配套设施等两种思路的判别标准，总体上较为清晰。建议国家税务总局明确无偿转让配建物业在土地增值税的处理规定，以使纳税人申报有法可依，减少税务风险，也可统一税企双方的执行口径。

诚意金是否应预征土地增值税

土地增值税按照纳税人转让房地产取得的增值额和税法规定的税率计算征收，若纳税人在项目全部竣工结算前转让房地产取得收入，由于涉及成本确定或其他原因，无法据以计算增值额。《土地增值税暂行条例实施细则》授权各省、自治区、直辖市税务机关根据当地情况制定预征办法，在预征收入范围方面，税企双方存在一些争议。包括诚意金、意向金、认筹金、订金等（以下统称"诚意金"）是否纳入预征范围，有待国家税务总局明确相关政策，以减少税法执行过程中的不确定性。

一、业务背景

为提前甄别、圈定客户，吸引有购买意向的消费者，房地产开发企业在预售商品房时往往预售许可证尚未到手却已经开始市场推广，与意向购房者签订认购书、认筹书、意向书等（以下统称"认购协议"）。收取诚意金后，房地产开发企业承诺消费者可以获得优先购买资格或价格优惠，部分地区税务机关要求将诚意金一并计入销售收入预征土地增值税。

案例

2018年9月，某市税务机关对A公司进行纳税评估，发现A公司在领取商品房预售许可证之前，已与若干个人签订了《房屋认购书》，共收取购房诚意金900万元，并分别开具了收款收据。协议中明确了房号、面积、单价，约定在A公司领取商品房预售许可证之后10日内，书面通知个人与A公司签订《商品房销售合同》。若个人在收到书面通知之日起满10个工作日未与A公司签约，A公司有权将其选定的房屋销售给第三方，同时将诚意金无息退还。检查人员要求A公司就诚意金余额自行申报补缴土地增值税及其他税费，并从税款滞纳之日起加收滞纳金，A公司财务人员对检查人员的观点不予认可。

二、相关政策

《土地增值税暂行条例》(2011年修订)规定："土地增值税按照纳税人转让房地产所取得的增值额和本条例第七条规定的税率计算征收……纳税人转让房地产所取得的收入，包括货币收入、实物收入和其他收入。"《土地增值税暂行条例实施细则》规定："条例第二条所称的收入，包括转让房地产的全部价款及有关的经济收益。"

三、各地口径

对诚意金要求预征土地增值税的税务机关往往有两类操作方式。一种是无明文规定，但在问题回复、执法结论中确认诚意金应预征土地增值税，如江苏省税务机关在其网站"以案说法"栏目曾刊载案例《房地产企业"诚意金"应预缴土地增值税》。另一种是在规范性文件中予以明确，如国家税务总局安徽省税务局《关于若干税收政策问题的公告》（根据国家税务总局安徽省税务局公告2019年第3号修改）规定："房地产开发企业转让房地产时收取的定金、诚意金等，应一并计入销售收入预征土地增值税。"

四、疑难分析

1. 诚意金是否等同于定金

诚意金与定金在某种程度上具有相似性，都是在合同履行前一方当事人预先支付给对方当事人的一定款项，在合同履行后可以冲抵合同价款。但是两者存在根本区别，定金在我国的法律体系中有较为丰富的规定，而诚意金仅是商业用语，不受法律保护。

《民法典》规定："当事人可以约定一方向对方给付定金作为债权的担保……债务人履行债务的，定金应当抵作价款或者收回。给付定金的一方不履行债务或者履行债务不符合约定致使不能实现合同目的的，无权请求返还定金；收受定金的一方不履行债务或者履行债务不符合约定致使不能实现合同目的的,应当双倍返还定金。"《民法典》第五百八十六条规定:"定金合同自实际交付定金时成立。"

2. 认购协议是否等同于商品房买卖合同

《最高人民法院关于审理商品房买卖合同纠纷案件适用法律若干问题的解释》(2020年修正)(法释〔2020〕17号)第五条规定:"商品房的认购、订购、预订等协议具备《商品房销售管理办法》第十六条规定的商品房买卖合同的主要内容,并且出卖人已经按照约定收受购房款的,该协议应当认定为商品房买卖合同。"

《商品房销售管理办法》第十六条规定:"商品房销售时,房地产开发企业和买受人应当订立书面商品房买卖合同。商品房买卖合同应当明确以下主要内容:(一)当事人名称或者姓名和住所;(二)商品房基本状况;(三)商品房的销售方式;(四)商品房价款的确定方式及总价款、付款方式、付款时间;(五)交付使用条件及日期;(六)装饰、设备标准承诺;(七)供水、供电、供热、燃气、通讯、道路、绿化等配套基础设施和公共设施的交付承诺和有关权益、责任;(八)公共配套建筑的产权归属;(九)面积差异的处理方式;(十)办理产权登记有关事宜;(十一)解决争议的方法;(十二)违约责任;(十三)双方约定的其他事项。"

可以看出,如果认购协议不具备《商品房销售管理办法》第十六条规定的商品房买卖合同的主要内容,则不具有商品房买卖合同效力,房地产开发企业依据认购协议收取的诚意金不等同于购房款。

3. 支付诚意金后是否必然导致房地产交易双方签订商品房买卖合同

在司法审判实务中，支付诚意金后，当事人一方无正当理由拒绝签订《房屋买卖合同》，守约方起诉要求法院强制违约方订立买卖合同的，一般也不会得到支持。如《薛志宝与北京祈连房地产开发有限公司房屋买卖合同纠纷》(北京市通州区人民法院民事判决书(2015)通民初字第 15980 号)一案中，原告向开发商交纳 1 万元诚意金，开发商出具 1 万元"K2 玉兰湾"诚意金收款收据，原告未与开发商就选定房屋签订《购房意向书》及《商品房预售合同》，原告诉求法院，要求判令开发商按照原告与销售人员约定价格签订指定房屋的买卖合同。法院审理查明，原告虽向开发商交纳款项 1 万元，但是开发商出具的交款收据上仅载明系"K2 玉兰湾"诚意金，并未载明该 1 万元系指定房屋的款项，原告与开发商之间也并未就购买指定房屋的付款时间、付款方式、交房时间及完成房屋权属转移登记时间等《商品房预售合同》应有的重要内容进行协商并达成一致意见。

最终法院判定："民事活动应当遵循自愿、公平、等价有偿、诚实信用的原则。合同当事人的法律地位平等，一方不得将自己的意志强加给另一方。原告要求开发商按照约定价格与其签订指定房屋《商品房预售合同》的诉讼请求，有违合同自愿原则和相关法律规定，对原告的诉讼请求不予支持。"

五、编者建议

房地产开发企业与有购买意向的消费者签订认购协议，收取的诚意金是否应计入销售收入预征土地增值税，不可一概而论。关键要看认购协议的具体内容。如认购协议具备《商品房销售管理办法》第十六条规定的商品房买卖合同的主要内容，可以认定认购协议已经具备商品房买卖合同效力，诚意金应一并计入销售收入预征土地增值税；如认购协议不满足上述条件，诚意金不应计入销售收入预征土地增值税。

下篇

研讨成果

《中华人民共和国土地增值税法（征求意见稿）》修改建议报告（一）[①]

2019年9月7日，中国大企业税收研究所在广东顺德召开《中华人民共和国土地增值税法（征求意见稿）》(以下简称《征求意见稿》，见附件一）专题研讨会，征集房地产行业T20成员（参会企业时任代表名单见附件二）对《征求意见稿》的修改建议。作为行业内具有影响力的企业，这些企业的观点很有代表性。基于参会企业关于《征求意件稿》相关条款的针对性建议，我们形成了一份报告。

第一条　在中华人民共和国境内转移房地产并取得收入的单位和个人，为土地增值税的纳税人，应当依照本法的规定缴纳土地增值税。

【修改建议一】将"在中华人民共和国境内转移房地产并取得收入的单位和个人"修改为"转移在中华人民共和国境内的房地产并取得收入的单位和个人"。

---

① 本报告根据T20成员集体讨论成果撰写而成。

修改理由：按《征求意见稿》的表述，还需在《土地增值税暂行条例》中补充"境内"是指房地产所在地在中华人民共和国境内。而修改后的表述能够直接阐述清楚，不必再通过暂行条例来明确。

【修改建议二】 将"转移房地产"改为"转让房地产权属"。

修改理由："转移房地产"的说法不严谨。房地产是不动产，是不能转移的，能转移的是"权属"。①

【修改建议三】 明确征税范围是否包括转让部分产权及转让使用权。

修改理由：目前国家税务总局要求是转让产权的才纳入土地增值税征税范围，但没有明确的依据，各地在执行时的做法差异非常大，特别是对于无产权的车位是否纳入清算范围争议频发，各地在清算时的做法差异很大。

第二条 本法所称转移房地产，是指下列行为：

（一）转让土地使用权、地上的建筑物及其附着物。

（二）出让集体土地使用权、地上的建筑物及其附着物，或以集体土地使用权、地上的建筑物及其附着物作价出资、入股。

土地承包经营权流转，不征收土地增值税。

【修改建议】 将该条第一项修改为：转让土地使用权、地上的建筑物及其附着物以及其有限产权和永久使用权。

---

① 为了保持全文统一并便于阅读、理解，后续相关条款的讨论依然用《征求意见稿》中"转移房地产"的表述，不再一一赘述。

修改理由：明确"有限产权或永久使用权转让、出让、出资或入股"也属于土地增值税的应税范围，具体理由有三：

（1）百度百科对"转移"的定义为"将某物移动到某地"，多指物理位移；用在此处，应是土地使用权、产权或其他权利的转移，因此建议进一步准确解释。

（2）相关法律明确规定转让有限产权或永久使用权按照销售处理，修改后有利于保持土地增值税与增值税的一致性。

（3）实务中，各地方对以转让永久使用权方式转让计算建筑面积又无产权的建筑物的，征纳双方对于税务上按租赁还是转让处理存在较大分歧，且出现了房地产开发企业为履行《中华人民共和国人民防空法》规定的法定义务而建造的人防设施由于权属不能转移而导致成本不能扣除的现象。为了减少征纳双方的分歧，建议从立法层面予以明确，将转让建筑物的有限产权或永久使用权也纳入征税范围。

第五条　纳税人转移房地产所取得的收入，包括货币收入、非货币收入。

【修改建议】 将纳税人转移房地产所取得的收入扩展为货币收入、非货币收入及其他经济利益。

修改理由：纳税人转移房地产可能取得一些其他经济利益，比如进行房屋的交换、融资、销售渠道的利用等。

第六条　计算增值额时准予扣除的项目为：

（一）取得土地使用权所支付的金额；

（二）开发土地的成本、费用；

（三）新建房及配套设施的成本、费用或者旧房及建筑物的评估价格；

（四）与转移房地产有关的税金；

（五）国务院规定的其他扣除项目。

【修改建议一】将该条第一项改为"取得土地使用权所支付的代价"，并且明确该代价包括无偿配建的支出、市政配套费、人防支出、人防易地建设费、住房维修基金、配建的保障房、红线外支出、为提高项目品质进行的绿化等。同时规定，有政府性文件、纪要或备案、建设用地规划许可证、建设工程施工许可证等证件证明土地获取人取得土地的，必须履行上述支出的责任和义务。

修改理由：企业在支付土地出让金的同时，往往还要承担其他义务，比如配建保障房、医院、学校、红线外建设道路、桥梁等。本着实事求是的原则，对于纳税人真实为项目取得发生的成本应认可作为土地成本处理；对于纳税人发生的红线外成本，与项目存在密不可分的关系的（如为项目修建的道路、桥梁，为提高项目品质进行的绿化等），应认可列支。

在实务中，部分地方税务局要求人防类成本需有人防局的接收手续方可扣除，但当地相关人防管理单位从未出具接收文件或不以接收为管理方式，造成大量人防成本无法扣除，建议以人防配建要求为扣除依据。

市政配套费、人防易地建设费、本体维修基金都是在房地产项目开发过程中，依据各地方政府的强制性规定交纳的各项行政性收费和政府性基金，是开发过程中发生的必要成本；市政配套费、人防易地建设费在大部分地区还被要求纳入取得土地使用权所支付的代价缴纳契税。如果不允许扣除，将加重纳税人负担。

【修改建议二】 将该条第四项"与转移房地产有关的税金"修改为"与转移房地产有关的税金、附加及政府性基金"。

修改理由：与会计科目对应，减少执行过程中的争议；与被转移房地产有关，既包括转移环节，也包括开发环节，避免狭义理解为交易环节的税金。

第九条　纳税人有下列情形之一的，依法核定成交价格、扣除金额：

（一）隐瞒、虚报房地产成交价格的；

（二）提供扣除项目金额不实的；

（三）转让房地产的成交价格明显偏低，又无正当理由的。

【修改建议】 将该条第二项"提供扣除项目金额不实的"修改为"无法提供或核实扣除项目金额或资料的"。

修改理由：修改后执行标准更明确，减少执行过程中的不确定性，同时与《中华人民共和国税收征收管理法》（以下简称《税收征收管理法》）的精神基本保持一致。

另外，在行政法规、中央的规章或规范性文件中，建议明确计税价格明显偏低的具体执行标准，以减少税收政策具体落实时征纳双方的争议。同时对正当理由进行不完全正列举。

第十条　出让集体土地使用权、地上的建筑物及其附着物，或以集体土地使用权、地上的建筑物及其附着物作价出资、入股，扣除项目金额无法确定的，可按照转移房地产收入的一定比例征收土地增值税。具体征收办法由省、自治区、直辖市人民政府提出，报同级人民代表大会常务委员会决定。

【修改建议】 扩大该条适用范围，对旧房、拍卖、自然人非住宅等特殊情况保留适用简易计税方法，扣除项目金额无法确定的，可按照转移房地产收入的一定比例征收土地增值税。

修改理由：主要是出于减少不确定性的考虑。特别是对司法拍卖，可按照转移房地产收入的一定比例征收土地增值税，从而可以有效地解决缴款人与纳税人不一致、申报信息资料不全等矛盾问题，减少拍卖资产税收的不确定性，有利于盘活社会不良资产，也有利于提高征管效率。

第十一条　下列情形，可减征或免征土地增值税：

（一）纳税人建造保障性住房出售，增值额未超过扣除项目金额20%的，免征土地增值税；

（二）因国家建设需要依法征收、收回的房地产，免征土地增值税；

（三）国务院可以根据国民经济和社会发展的需要规定其他减征或免征土地增值税情形，并报全国人民代表大会常务委员会备案。

【修改建议一】将该条第一项修改为："下列情形，可免征土地增值税：（一）纳税人建造保障性住房和普通标准住宅出售，增值额未超过扣除项目20％的。"

修改理由：一方面，有助于鼓励建设普通标准住宅和保障性住房。建设普通标准住宅和保障性住房，符合国家政策导向，属于改善民生的重要举措，在国家税收法律法规层面应给予免税的税收优惠政策。

另一方面，从确保税收公平的角度，不宜将《土地增值税暂行条例》（2011年修订）中免征土地增值税的情形变更为各省、自治区、直辖市人民政府自行决定。否则，在实践中易出现经济发达地区普遍免征或减征，而欠发达地区反而不予减征或免征，此种情形有违土地增值税调节土地级差收益的初衷。

【修改建议二】将该条第二项"因国家建设需要"修改为"因城乡建设需要"。

修改理由：征收、收回情形并非单位或个人生产经营行为，只是对于被征收、收回房地产损失的补偿，被征收人无法控制或选择被征收项目的后续用途,理应获得同等的税收优惠政策。征管实践中,对是否因国家建设需要存在不同理解,同样是被拆迁征收,有些情况的税收优惠政策却难以落实。

第十二条 省、自治区、直辖市人民政府可以决定对下列情形减征或者免征土地增值税,并报同级人民代表大会常务委员会备案:

(一)纳税人建造普通标准住宅出售,增值额未超过扣除项目金额20%的;

(二)房地产市场较不发达、地价水平较低地区的纳税人出让集体土地使用权、地上的建筑物及其附着物,或以集体土地使用权、地上的建筑物及其附着物作价出资、入股的。

【修改建议】平移《土地增值税暂行条例》(2011年修订)中"纳税人建造普通标准住宅出售,增值额未超过扣除项目金额20%的"免征土地增值税政策,不授权由地方人民政府决定免税或减税。

同时,由于各地对房地产开发产品需求所有差异,可以由省、自治区、直辖市人民政府确定普通标准住宅标准并报同级人民代表大会常务委员会备案,且应定期更新普通标准住宅标准。

修改理由:直接在法律中明确全国统一的政策,有助于鼓励纳税人开发建设普通标准住宅且以合理的价格销售,实现"居者有其屋"的目标,同时也有助于减少具体适用方面的不确定性。

第十三条　土地增值税纳税义务发生时间为房地产转移合同签订的当日。

【修改建议一】将土地增值税纳税义务发生时间修改为"转移合同签订、房屋完成交付或使用权完成转移，并收讫价款"。

修改理由：土地增值税纳税人为转让国有土地使用权及地上建筑物和其他附着物产权，并取得收入的单位和个人。征税对象是指有偿转让国有土地使用权及地上建筑物和其他附着物产权所取得的增值额。在签订合同当日，转让及取得收入并不一定能够完成，签订只是双方意见达成一致的表象，具体转让条件、时间，付款条件、时间等均可在合同条款中另行约定，仅以合同签订认定为纳税义务发生较为片面。

【修改建议二】直接删除该条。

修改理由：《企业所得税法》没有明确纳税义务发生时间，只明确了收入确认的时间。建议参考《企业所得税法》中的相关规定。

土地增值税和企业所得税的计税依据类似，都是针对"增值额"或者"利润"，需要经过复杂的计算才能得出。在无法计算时，确认纳税义务的发生没有实际的意义。一般来说，纳税义务发生应该在计税依据确定后，同时停止预缴、进入汇缴或者清算阶段，所得税、增值税皆如此。

明确纳税义务发生时间，接下来会带来追征期的问题。如果以签订转让合同为纳税义务发生时间，到清算时往往已经是3～5年以后了，可能已经超过了《税收征收管理法》明确的追征期，导致土地增值税清算补交税款存在法律障碍，同时纳税人可能由于超过《税收征收管理法》规定的退回税款的时间而不能退税。

第十五条 房地产开发项目土地增值税实行先预缴后清算的办法。从事房地产开发的纳税人应当自纳税义务发生月份终了之日起15日内，向税务机关报送预缴土地增值税纳税申报表，预缴税款。

从事房地产开发的纳税人应当自达到以下房地产清算条件起90日内，向税务机关报送土地增值税纳税申报表，自行完成清算，结清应缴税款或向税务机关申请退税：

（一）已竣工验收的房地产开发项目，已转让的房地产建筑面积占整个项目可售建筑面积的比例在85%以上，或该比例虽未超过85%，但剩余的可售建筑面积已经出租或自用的；

（二）取得销售（预售）许可证满三年仍未销售完毕的；

（三）整体转让未竣工决算房地产开发项目的；

（四）直接转让土地使用权的；

（五）纳税人申请注销税务登记但未办理土地增值税清算手续的；

（六）国务院确定的其他情形。

【修改建议一】 将该条第一项"已竣工验收的房地产开发项目"改为"已竣工验收满一年的房地产开发项目"，同时将该条第二项

"取得销售（预售）许可证满三年仍未销售完毕的"改为"已竣工验收满一年的房地产开发项目，取得销售（预售）许可证满三年仍未销售完毕的"。

修改理由：结合对第十二条关于纳税义务发生时间的修改建议以及借鉴房地产开发企业增值税预缴的实践，土地增值税预缴只是为了均衡入库，而不是因为纳税义务已发生。同时，如果只签订了合同未收到款项，纳税人尚未取得纳税的必要资金，此时要求纳税人预缴必然会增加纳税人负担，不符合纳税必要资金原则。

同时，鉴于房地产行业预售的业务实质，现实中即使销售比例超过85%或预售证满三年，即使项目整体已经竣工备案，仍很有可能存在大量合同未完成结算工作，导致土地增值税的扣除项目无法完整扣除，因此从房地产开发实际出发，建议增加竣工验收"满一年"的规定，以便立法条款具有实操性和可执行性。

【修改建议二】《土地增值税暂行条例》通过《土地增值税暂行条例实施细则》规定，将清算条件、时间区分为应清算、可清算分别处理，可操作性更强，建议按《国家税务总局关于印发〈土地增值税清算管理规程〉的通知》（国税发〔2009〕91号）第九条、第十条的规定执行。同时，考虑清算政策的完整性，建议增加清算后转让如何计算缴纳土地增值税的规定：清算后再转让的，应按清算时确定的单位面积扣除项目金额计算项目应缴税额，按差额补缴税款或申请退税。此种做法与企业所得税汇算清缴方式类似，无论是清算前还是清算后销售，项目累计纳税额与按项目总体销售完毕后的清算结果一致,可避免因税收政策影响生产经营,亦遵循了税收中性原则。

修改理由:将《土地增值税暂行条例》规定的应清算和可清算条件合并,作为"应当清算"范围,将产生一系列问题:

(1) 国内房地产市场整体仍不明朗,市场呈下行趋势,去化越来越困难,除个别一线城市外,房地产企业长期库存、滞重资产的占比较大,尾盘销售较为困难,提前清算土地增值税,将进一步加重企业负担。

从宏观上分析,国内经济下行压力加大,"L"形走势尚未探底。2016年《人民日报》权威人士指出:我国经济下行压力并未消除。综合判断,我国经济运行不可能是U形,更不可能是V形,而是L形的走势。这个L形是一个阶段,不是一两年能过去的。今后几年,总需求低迷和产能过剩并存的格局难以发生根本改变,经济增长不可能像以前那样,一旦回升就会持续上行并接连实现几年高增长。2018年10月31日中共中央召开政治局会议,中央做出"经济下行压力有所加大"的判断,对此要"高度重视,增强预见性,及时采取对策"。首先,房地产行业从来不能脱离经济大势,宏观形势并不乐观。其次,中国人口面临"少子化"挑战,未来住房需求总体上将呈下降趋势。中国人平均住房面积超过40平方米,套户比率1.13,经过行业过去20年的高速发展,住房全面短缺的问题已经基本解决。

(2) 即使是已完成竣工验收且快速实现销售的房地产项目,因后续的工程款结算、取得票据、资料归集梳理、内外部审计也需要较长时间,一年属于正常,在 90 天内完成清算申报不切实际。

(3)"自行完成清算,结清应缴税款"的前提是各地税务机关对于各项政策非常明确,以减少争议,尽量避免因政策不明确导致大额补缴税款,减少纳税人需要缴纳的滞纳金并减轻处罚负担。从征管实践看,目前土地增值税政策规定存在诸多争议,且各地在政策口径、执行尺度上相差很大。

(4)尾盘销售的税款计算不合理问题。即使按国税发〔2006〕187 号第八条规定,对于在土地增值税清算时未转让的房地产,清算后销售或有偿转让的,纳税人应按规定进行土地增值税的纳税申报,扣除项目金额按清算时的单位建筑面积成本费用乘以销售或转让面积计算(单位建筑面积成本费用=清算时的扣除项目总金额÷清算的总建筑面积),也存在执行问题:第一,后期调价导致清算后再售部分房产的清算税率比整体较高,额外增加税收负担;第二,后期销售较低价的开发产品,增值额为负(如车位),又无法与清算时的增值额相抵;第三,清算截止时间不一样,清算时未销售部分的多少,与清算时平均价格的差异,会导致项目总体清算税款不同,有违税法中性原则、确定性原则。

【修改建议三】将第十五条第(一)项中"已转让的房地产"调整为"已转移并交付的房地产",即"已交付的房地产开发项目,已转让的房地产建筑面积占整个项目可售建筑面积的比例在 85%以上,或该比例虽未超过 85%,但剩余的可售建筑面积已经出租或自用的"。

税收不确定性

同时，将第十五条调整为"从事房地产开发的纳税人达到条件（一）（二）（三）的，应当自达到清算条件起12个月内，向税务机关报送土地增值税纳税申报表，自行完成清算，结清应缴税款或向税务机关申请退税；达到条件（四）（五）（六）的，应当自达到清算条件起12个月内，向税务机关报送土地增值税纳税申报表，自行完成清算，结清应缴税款或向税务机关申请退税"。

另外，纳税人自行完成清算结清应缴税款或向税务机关申请退税后取得收入或发生成本的，可按照累计销售情况和累计扣除项目情况向税务机关报送土地增值税纳税申报表，自行完成清算，结清应缴税款或向税务机关申请退税（相当于多次清算）。

修改理由：条件（一）中，采用竣工验收要素，但纳税人销售的房地产开发产品分为销售毛坯房与销售装修房，且销售装修房时各地在装修房的验收程序或是否验收方面存在差异，若将竣工验收作为清算条件要素，标准不统一。

条件（一）中，大多数房地产开发项目竣工验收或交付前，已转让的房地产建筑面积占整个项目可售建筑面积的比例在85%以上，所以竣工验收就达到以上清算条件，但项目竣工验收或交付后，成本结算时间一般在一年以上。

纳税人按照规定条件及时间进行清算时，往往存在部分成本因为各种原因未取得合法有效凭证的情形，清算后取得合法有效凭证如果不能扣除，明显不合理，将额外加重纳税人的税收负担。

若达到条件（一）（二）（五），按照原规定，属于主管税务机关可以要求纳税人清算的条件，但因为各种原因没有清算的项目较多，如果立法一刀切改为应清算条件，房地产开发企业清算工作量太大，不能完全按照规定进行高质量的清算，企业土地增值税清算风险非常高。

【修改建议四】 将90日的申报期适当延长，允许企业按预计未来可取得的发票进行预提；待税务机关入场复核后仍无法取得发票的，再进行纳税调整。

修改理由：目前《征求意见稿》要求纳税人在达到清算条件的90日内自行完成清算，并缴纳税款。实操中可能会遇到一些问题：一是项目达到清算条件，但是项目工程未完全结束，发票未能全部取得；二是企业需要在90天内完成土地增值税清算合同发票整理，寻找清算事务所，出具清算鉴证报告，申报并缴纳税款，特别是对于大型项目，清算时间压力比较大；三是目前一些地方规定，竣工备案之后取得的发票无法在土地增值税清算时扣除。

【修改建议五】 针对纳税人自行清算，增加税务机关主导的二次清算的规定，避免因税企双方差异过大，对清算金额存在较大异议，同时避免因发票未及时获得、计算分摊错误等原因导致无法更正。

修改理由：因政策的不确定性，土地增值税在各地税务机关进行清算的过程中存在较大的差异，税企双方存在分歧，企业自身进行清算可能与税务机关认定的金额有明显偏差，因此建议增加土地增值税的二次清算，防止税企分歧无法消弭。

第十六条　非从事房地产开发的纳税人应当自房地产转移合同签订之日起 30 日内办理纳税申报并缴纳税款。

【修改建议】将该条修改为：非从事房地产开发的纳税人应当自房地产转移合同约定的房地产权属转移日与房地产权属实际转移日孰早的日期起 90 日内办理纳税申报并缴纳税款。

修改理由：结合对第十二条关于纳税义务发生时间的修改建议，将申报纳税的起算日按合同约定的房地产权属转移日与房地产权属实际转移日孰早确定。同时，在房地产交易实践中，从签订交易合同到最终收款，可能要历经审批、放贷等较长的流程，如果未收款，则纳税人无必要纳税资金。从可执行角度，建议将申报缴纳税款期限延长至 90 日。

从实践看，自建后转让项目 30 日内办理清算存在较大困难，应给予更长清算期限，应与房地产开发企业开发时间相当。在具体实施层面，建议按第二十条，省级人民政府可根据本地实际提出具体办法，并报同级人民代表大会常务委员会决定。

第十八条　纳税人未按照本法缴纳土地增值税的，不动产登记机构不予办理有关权属登记。

【修改建议】删除本条。

修改理由：土地增值税不同于契税，纳税义务人是转移方，而办理权属登记是买受人的权利。对于通过继受取得方式取得房地产权属的，只要所交易的标的合法、交易方式合法，买受人的权利依法应当受到保护，不应因转移方不按期缴纳土地增值税而受损。对于通过司法判决等方式原始取得转移的不动产权属的，转让方是否缴纳土地增值税与受让方依据判决文书取得物权并无直接关系。房地产开发企业预售或销售房屋并与业主办理有关权属登记时，有可能并未达到土地增值税清算条件，所以尚未进行土地增值税清算。另外，房地产开发企业预缴土地增值税或清算缴纳的土地增值税均无法与每一套房一一对应。

实践中，对于新房销售都是业主先办证，开发商后办理土地增值税清算，该条款难以执行。从法律可执行性和法律权威性角度，建议将无法落地的该条款修改为："纳税人未按照本法缴纳土地增值税的，不动产登记机构不予办理有关权属变更登记，新购入商品房首次办理不动产权属登记除外。"

第二十二条 本法自 年 月 日起施行。1993年12月13日国务院公布的《中华人民共和国土地增值税暂行条例》同时废止。

【修改建议】增加过渡期政策，明确新旧政策衔接适用方式。

修改理由：现有未清算项目在获取土地时，均按原政策进行测算，如政策变更，可能对项目整体方案、利润、规划等产生较大影响，因此建议原有项目适用原政策。

附件一

《中华人民共和国土地增值税法
(征求意见稿)》

第一条 在中华人民共和国境内转移房地产并取得收入的单位和个人，为土地增值税的纳税人，应当依照本法的规定缴纳土地增值税。

第二条 本法所称转移房地产，是指下列行为：

(一)转让土地使用权、地上的建筑物及其附着物。

(二)出让集体土地使用权、地上的建筑物及其附着物，或以集体土地使用权、地上的建筑物及其附着物作价出资、入股。

土地承包经营权流转，不征收土地增值税。

第三条 土地增值税按照纳税人转移房地产所取得的增值额和本法第八条规定的税率计算征收。

第四条 纳税人转移房地产所取得的收入减除本法第六条规定扣除项目金额后的余额，为增值额。

第五条 纳税人转移房地产所取得的收入，包括货币收入、非货币收入。

第六条 计算增值额时准予扣除的项目为：

（一）取得土地使用权所支付的金额；

（二）开发土地的成本、费用；

（三）新建房及配套设施的成本、费用或者旧房及建筑物的评估价格；

（四）与转移房地产有关的税金；

（五）国务院规定的其他扣除项目。

第七条 本法规定的收入、扣除项目的具体范围、具体标准由国务院确定。

第八条 土地增值税实行四级超率累进税率：

增值额未超过扣除项目金额50%的部分，税率为30%。

增值额超过扣除项目金额50%、未超过扣除项目金额100%的部分，税率为40%。

增值额超过扣除项目金额100%、未超过扣除项目金额200%的部分，税率为50%。

增值额超过扣除项目金额200%的部分，税率为60%。

第九条 纳税人有下列情形之一的，依法核定成交价格、扣除金额：

（一）隐瞒、虚报房地产成交价格的；

（二）提供扣除项目金额不实的；

（三）转让房地产的成交价格明显偏低，又无正当理由的。

第十条 出让集体土地使用权、地上的建筑物及其附着物，或以集体土地使用权、地上的建筑物及其附着物作价出资、入股，扣除项目金额无法确定的，可按照转移房地产收入的一定比例征收土地增值税。具体征收办法由省、自治区、直辖市人民政府提出，报同级人民代表大会常务委员会决定。

第十一条　下列情形，可减征或免征土地增值税：

（一）纳税人建造保障性住房出售，增值额未超过扣除项目金额20％的，免征土地增值税；

（二）因国家建设需要依法征收、收回的房地产，免征土地增值税；

（三）国务院可以根据国民经济和社会发展的需要规定其他减征或免征土地增值税情形，并报全国人民代表大会常务委员会备案。

第十二条　省、自治区、直辖市人民政府可以决定对下列情形减征或者免征土地增值税，并报同级人民代表大会常务委员会备案：

（一）纳税人建造普通标准住宅出售，增值额未超过扣除项目金额20％的；

（二）房地产市场较不发达、地价水平较低地区的纳税人出让集体土地使用权、地上的建筑物及其附着物，或以集体土地使用权、地上的建筑物及其附着物作价出资、入股的。

第十三条　土地增值税纳税义务发生时间为房地产转移合同签订的当日。

第十四条　纳税人应当向房地产所在地主管税务机关申报纳税。

第十五条　房地产开发项目土地增值税实行先预缴后清算的办

法。从事房地产开发的纳税人应当自纳税义务发生月份终了之日起 15 日内，向税务机关报送预缴土地增值税纳税申报表，预缴税款。

从事房地产开发的纳税人应当自达到以下房地产清算条件起 90 日内，向税务机关报送土地增值税纳税申报表，自行完成清算，结清应缴税款或向税务机关申请退税：

（一）已竣工验收的房地产开发项目，已转让的房地产建筑面积占整个项目可售建筑面积的比例在 85％以上，或该比例虽未超过 85％，但剩余的可售建筑面积已经出租或自用的；

（二）取得销售（预售）许可证满三年仍未销售完毕的；

（三）整体转让未竣工决算房地产开发项目的；

（四）直接转让土地使用权的；

（五）纳税人申请注销税务登记但未办理土地增值税清算手续的；

（六）国务院确定的其他情形。

第十六条 非从事房地产开发的纳税人应当自房地产转移合同签订之日起 30 日内办理纳税申报并缴纳税款。

第十七条 税务机关应当与相关部门建立土地增值税涉税信息共享机制和工作配合机制。各级地方人民政府自然资源、住房建设、规划等有关行政主管部门应当向税务机关提供房地产权属登记、转移、规划等信息，协助税务机关依法征收土地增值税。

第十八条 纳税人未按照本法缴纳土地增值税的，不动产登记机构不予办理有关权属登记。

第十九条　土地增值税的征收管理，依据本法及《中华人民共和国税收征收管理法》的规定执行。

第二十条　土地增值税预征清算等办法，由国务院税务主管部门会同有关部门制定。各省、自治区、直辖市人民政府可根据本地实际提出具体办法，并报同级人民代表大会常务委员会决定。

第二十一条　纳税人、税务机关及其工作人员违反本法规定的，依照《中华人民共和国税收征收管理法》和有关法律法规的规定追究法律责任。

第二十二条　本法自　年　月　日起施行。1993年12月13日国务院公布的《中华人民共和国土地增值税暂行条例》同时废止。

附件二

专题研讨会时任 T20 成员代表

陈玲玲　融信集团　集团税务总监

代　欣　融创集团　北京区域税务总监

丁国全　金科集团　集团财务总监

郭向晨　远洋集团　集团税务总监

何杰伦　保利发展控股集团　集团税务总监

胡利民　中海地产　集团税务总监

李春苗　龙湖集团　集团税务总监

李元昱　美的置业　集团税务总监

王大明　华夏幸福　集团税务总监

吴　成　中梁控股集团　集团税务总监

徐明蔚　正荣地产集团　集团税务总监

许　智　雅居乐　集团税务总监

杨静波　合景泰富集团　集团税务总监

杨　樱　华润集团　集团税务总监

🏠 税收不确定性

张海武　碧桂园　集团税务总监

张　麒　世茂集团　集团税务总监

周　淼　旭辉集团　集团税务总监

卓立峰　万科集团　集团税务总监

《中华人民共和国土地增值税法（征求意见稿）》修改建议报告（二）[*]

2019年9月7日，中国大企业税收研究所在广东顺德召开《中华人民共和国土地增值税法（征求意见稿）》（以下简称《征求意见稿》）专题研讨会，征集房地产行业T20成员对《征求意见稿》的修改建议。作为行业内具有影响力的企业，这些企业涉及土地增值税业务较多，其观点很有代表性。本报告的主要内容是《征求意见稿》未涉及，但参会企业认为比较重要的内容。参会企业代表普遍建议，在土地增值税立法中一并考虑这些问题。

一、关于财务利息的扣除

【建议一】放宽利息支出在土地增值税列支的限制，将现行规定"最高不能超过按商业银行同类同期贷款利率计算的金额"修改为"最高不能超过金融企业同期同类贷款利率计算金额，准予税前扣

---

[*] 本报告根据T20成员集体讨论成果撰写而成。

除"，与所得税的列支口径保持一致。具体可以参考国家税务总局公告 2011 年第 34 号《关于企业所得税若干问题的公告》的规定，非金融企业向非金融企业借款的利息支出，不超过按照金融企业同期同类贷款利率计算的数额的部分，准予税前扣除。

理由：现有的金融监管政策和融资政策较 1994 年有非常大的变化，尤其是针对房地产业的贷款路径和方式有众多创新，商业银行对房地产公司的贷款越来越少。在此情况下，以商业银行的利率来衡量房地产公司的利息支出将出现较大误差。另外，新型融资方式与传统商业贷款所能提供的资料和内容亦不尽相同，建议以真实的资金成本支出为扣除凭证，不受贷款方式的限制。

【建议二】进一步考虑适当放宽委托贷款及统借统还的利息列支限制。

理由：（1）委托借款利息费用不得作为开发费用据实进行扣除。委托贷款不等于金融机构借款，对于房地产开发企业向非金融企业拆借资金而支付的利息费用不得作为开发费用据实进行扣除。根据《中国银监会关于印发商业银行委托贷款管理办法的通知》（银监发〔2018〕2 号）第四条的规定："委托贷款业务是商业银行的委托代理业务。商业银行依据本办法规定，与委托贷款业务相关主体通过合同约定各方权利义务，履行相应职责，收取代理手续费，不承担信用风险。"

（2）统借统还利息不允许扣除。由于无法直接取得金融机构的借款协议和利息发票，对于统借统还贷款或关联企业贷款后转给房地产开发企业使用而产生的利息支出,在计算土地增值税时,不得据实扣除,应按《国家税务总局关于土地增值税清算有关问题的通知》(国税函〔2010〕220号)第三条第二项的规定,按"取得土地使用权所支付的金额"与"房地产开发成本"金额之和的10%以内计算扣除。

企业集团或其成员企业统一向金融机构借款,并按借款合同指定的分摊对象和用途借给集团内部其他成员企业使用,并且按照支付给金融机构相同的借款利率收取利息的,可以凭借入方出具的金融机构借款的证明和集团内部分配使用决定,在使用借款的企业间合理分摊利息费用,据实扣除。

二、关于购买在建或竣工备案项目改造后再销售的土地增值税缴纳问题

【建议一】允许对在建工程的购入价款由受让方进行加计扣除。

理由:购入在建工程也是取得土地使用权的一种方式,因此,购入价款应该属于《土地增值税暂行条例实施细则》中"取得土地使用权所支付的金额",应该允许在房地产开发行为中进行加计扣除。同时,转让方与受让方是两个独立的纳税主体,转让方是否享受过加计扣除不应该对受让方造成影响。

另外,在建工程转让是一个涉及多个审批环节的相当烦琐的过程,很多开发证照都需要重新办理,一般不会有房地产企业通过内部多次转让的方式来实现多次加计扣除进而减少缴纳税款金额的目

的。即使有，也应该通过反避税手段进行规避，而不应该在政策设定上对任何通过在建工程转让获取土地的房地产企业加重税收负担，这不符合税收中性原则，也不利于鼓励房地产企业参与解决烂尾楼项目的问题。

【建议二】 对于房地产企业购入已竣工备案房产再进行局部拆除、改造的，视情况参照房地产开发业务征收土地增值税。

房地产开发企业购入已竣工备案的房产后，如果是购入后即转让，或者简单装修即转让的，可参照旧房转让征收土地增值税。但是，如果购入后进行重新规划设计，重新办理相关证照，如建设工程规划许可证、建设工程施工许可证等，对原房屋进行拆除、改造、装修、装饰等一系列开发行为，达到目标状态后再作为商品房销售的，建议参照房地产开发业务，允许对取得土地的成本和相关开发成本进行加计扣除，并采取"先预交、后清算"的征收模式。

理由： 部分税务机关认为，不管房地产开发企业是通过股权收购还是资产收购方式获得已竣工备案的房产，无论是否改造，都应该按照旧房的相关政策计算缴纳土地增值税。如此，房地产开发企业只能按照评估价或购入的发票（如果是资产转让）进行扣除，无法再适用正常的房地产开发成本加计扣除的计税方式，也不适用房地产开发"先预交、后清算"的征管方式，而是要卖一套、清一套，这不符合商业逻辑。

然而，这种房地产开发企业购入后重新设计、大规模改造再出售的房产与财税字〔1995〕48号文定义的"已使用一定时间或达到一定磨损程度的房产"有着本质的区别。部分省市对此开发模式进行了比较深入的研究，做出了更为符合商业逻辑的判断，比如，《海南省地方税务局关于明确土地增值税若干政策问题的通知》（琼地税函〔2007〕356号）明确，房地产开发企业购进整栋楼或整层楼（已取得房产证），进行重新改建或扩建后再销售的，若能同时提供规划和建设主管部门核发的建设工程规划许可证和建筑工程施工许可证，证明该项目属改建或扩建的房地产项目的，视同房地产开发企业从事房地产开发，适用有关的土地增值税政策。

另外，在广东省，《关于推进"三旧"改造促进节约集约用地的若干意见》（粤府〔2009〕78号）等文件对"三旧"（旧城镇、旧厂房、旧村庄）改造的政策把握较为宽松。原土地使用权人申请经批准同意后，可指定拆迁主体（项目公司），按规定缴纳土地出让金，完成土地性质的转变，自行开展该地块的动拆迁，自主组织实施改造，政府一般都予以认可。因此，这类改造项目在广东省非常常见，税务机关都按照房地产开发计征土地增值税。

三、关于土地增值税的清算单位

【建议】在土地增值税立法之际，对土地增值税清算单位如何确定予以明确和统一。

在清算单位的具体认定标准上，还是建议以国家发展改革委立项批复作为确定清算单位的最主要判定标准；与此同时，从《土地增值税暂行条例实施细则》第八条"土地增值税以纳税人房地产成本核算的最基本的核算项目或核算对象为单位计算"的规定出发，尊重企业本身的整体规划设计方案和成本核算规律。

若项目在规划设计阶段是作为一个整体统一结算成本的，应作为一个清算单位，没必要强制要求按照建设工程规划许可证的数量进行分期清算，从而干涉企业出于自身经营需要办理规证的自由选择。

另外，考虑到某些项目批复范围过大的特殊情况，可以明确：同一批复范围内整体开发周期过长（建议规定一个合理时间，比如10年），分批次竣工备案交付且有证据表明前期交付的项目成本已经基本结算完成的，可对交付、结算均已完成，成本基本锁定的前期项目先行清算，确保清算税款先行入库，但最终应允许以整个项目作为一个清算单位进行汇总清算，多退少补。

理由： 房地产开发从立项、规划、建设到销售，涉及国家发展改革委等多个国家行政管理部门，需要取得建设用地规划许可证（以下简称用地许可证）、国家发展改革委立项批复、建设工程规划许可证（以下简称规划许可证）、建设工程施工许可证（以下简称施工许可证）、商品房预售许可证等审批、备案文书。在上述有关土地增值税的政策中，只提到要以国家有关部门审批、备案的项目为单位进行清算，但没有明确具体以哪个国家部门的审批、备案为依据确定清算单位。对于什么是分期开发的项目，如何确定分期，国家层面一直没有相关政策予以统一界定。

由于上述问题不甚明确，实践中，各省市税务局均按各自对政策的理解，结合本地区实际情况，确定土地增值税清算单位：有的依据国家发展改革委立项批复确定，有的依据规划许可证确定，有的依据企业自行分期确定等。

一般而言，以国家发展改革委立项批复确认清算单位是比较合理的，但也有可能存在部分项目立项范围过大，按照国家发展改革委立项批复确定清算单位，项目整体迟迟难以达到清算标准，无法对前期已经完成销售、结算的部分进行清算的情况。

若以规划许可证确定清算单位，又有部分企业在同一个项目内出于自身经营管理的需求，办理了过多的规划许可证，规划许可证远超过其分期的数量。比如，有的企业单独就回迁安置房办理了独立的规划许可证。然而，回迁安置房是为整个项目服务的，其视同销售收入构成整个项目的拆迁安置成本，根据其规划许可证把回迁安置房作为一个独立的清算单位显然是不合理的。

因此，这个问题在实践中常常引发税企争议，也容易导致基层税务干部对此问题的自由裁量权过大，出现寻租空间。

四、关于土地增值税的清算对象

【建议一】 取消三分法，对一个项目合并清算（对免税项目可选择单独计算），可有效避免各种成本分摊的问题。

理由：在三分法下，各业态的盈亏不能相抵，存在明显的税法不公平的问题。往往会出现对盈利的业态征收高额税收的同时，对其他业态出现的亏损置之不理，有违税法公平的精神。同时，人为将一个房地产项目分为多个业态来清算，带来很多成本分摊的问题，经常会因为成本分摊的合理性问题造成征纳双方的矛盾。在立法时应考虑征收的简便性和效率，减少征纳双方之间的矛盾。

值得一提的是，在三分法下，在进行成本分摊时，不可避免地因成本分摊差异带来清算结果的巨大差异，同时造成部分业态亏损和部分业态盈利的问题。

【建议二】免征土地增值税，应分别计算增值额、增值率以及应缴的土地增值税；如果纳税人在清算报告中提出放弃申请免征普通标准住宅土地增值税的权利，可不单独计算普通住宅的增值税、增值率以及应缴的土地增值税。

纳税人在清算申报时未明确是否就其普通标准住宅申请免征土地增值税的，主管税务机关应告知纳税人相关政策，并将清算报告退还纳税人，待纳税人明确后予以受理。

理由：国家为了鼓励和引导纳税人开发普通标准住宅并以合理的价格进行销售，明确清算类型包括普通标准住宅，并规定了开发销售普通标准住宅的免税优惠政策。

作为优惠政策，应允许纳税人自行决定是否享受，纳税人单独计算普通标准住宅增值额是享受免税优惠政策的条件，不应强制要求纳税人单独计算普通标准住宅增值额。

【建议三】统一明确清算对象以房地产开发项目为依据。对于同一项目有享受和不享受免税政策的，可分别核算增值额。

清算对象应当以取得土地时，政府有关部门确定的房地产开发项目为依据，一个项目整体作为一个清算对象。对于享受和不享受减税、免税政策的应分别核算增值额。

如果确实需要分类型进行计算，建议明确土地增值税清算对象为普通住宅、非普通住宅、非住宅三类。对于非独立建造、附带开发建设的具有配套性质的与主体建筑不可分的建筑物、构筑物，依据其配建的性质，可以纳入主体建筑一并进行计算。如储藏间、地下车库属于住宅配建的计入住宅，属于商业配建的计入商业；主体为住宅的一楼商业、地下车库等不再分类型计算。独立建造的应按类型归集清算。

理由： 目前各地执行标准主要以二分法、三分法居多，就是要求在项目清算时，分为普通住宅、非普通住宅（除普通住宅外房地产）两类（二分法），或分为普通住宅、非普通住宅、非住宅（除住宅外房地产）三类，分别计算增值额、增值率、应征税款。上述情况造成土地增值税计算成本分摊复杂，一个房地产开发项目内可能有补税、有退税，增值额有正数、有负数，正负不能互相抵消。有些项目甚至出现了住宅配建车库需要分成两种类型进行计算的现象。

对于享受免税政策的，应分开核算增值额，其根据是财税字〔1995〕48号文第十三条"关于既建普通标准住宅又搞其他类型房地产开发的如何计税的问题：对纳税人既建普通标准住宅又搞其他房地产开发的，应分别核算增值额。不分别核算增值额或不能准确核算增值额的，其建造的普通标准住宅不能适用条例第八条（一）项的免税规定"的规定。

五、关于成本分摊

【建议一】对各类车位的处理,应统一做法,无论是否有产权、是否为人防设施,在使用上无明显差异的,应并入地上业态进行清算(为商业配套的作为商业,为住宅配套的作为住宅,独立运营的可独立清算)。

开发小区内道路包括地上道路与地下道路,均属于基础设施,车位分摊开发成本的面积不包括地下行车道路。

理由:在土地增值税清算中,与清算项目配套的地下停车场,一般作为"其他类型的房地产"计算土地增值税。

地下停车场收入基本上是直接可以划分的,但计算地下停车场的扣除项目金额时,将地下停车场道路作为"基础设施",或者将其面积分摊至车位面积,会对土地增值税清算结果产生较大影响。

《土地增值税暂行条例实施细则》第七条规定:"基础设施费,包括开发小区内道路、供水、供电、供气、排污、排洪、通讯、照明、环卫、绿化等工程发生的支出。"

地下停车场道路供车辆行驶,供业主行走,在功能和性质上与地上道路是一致的,作为基础设施处理更加合理。

从另一个角度分析,在地下停车场总面积口径下,一个车位的面积近40平方米,而部分房屋的建筑面积尚不足80平方米,单个车位面积大约是房屋的50%,价格却仅为房屋的约10%,显然严重不匹配。

【建议二】 在土地增值税立法之际对土地增值税清算中的地下空间的土地成本分摊问题予以明确。在土地增值税的计算中，对于地下空间的土地成本分摊遵循以下原则：

（1）如果明确容积率的计算中不含地下空间的，地下空间可以不分摊土地成本，与增值税的计算口径保持一致。

（2）如果专门为地下空间补缴土地出让金的，则直接以此补缴的土地出让金作为地下空间的土地成本。

（3）如果不明确容积率的计算中是否包含地下空间的，建议根据地下空间的用途，如商业、办公、娱乐、仓储，参照当地基准地价标准对整体土地成本进行分摊。最好是地方税务机关能够和当地土地管理部门共享信息，由土地管理部门明确当地各种用途不同楼层的地下空间基准地价，税务机关以此作为对地下空间计算应分摊的土地成本的基础，这样最为合理，税企双方也都有据可循。

理由：实际问题在于在计算项目容积率时通常并不包括地下空间的建筑面积，且地下车位售价通常较低，如果将地下车位按建筑面积分摊房地产开发成本，往往造成地下建筑增值额为负数，而地上建筑的增值额、增值率过高。由于土地增值税清算需要分产品类型，加之土地增值税清算时常常还有大量车位未售，或者有的地方不允许使用权车位转让计入土地增值税清算范围，因此，车位负增值常常无法抵减其他业态的正增值，最终导致企业缴纳的土地增值税过高。

另外，各个地方政策的不确定和不透明，也导致房地产开发企业在前期拿地测算时无法对土地增值税的测算结果做出准确估算，给决策带来困扰。

【建议三】土地价款应按清算截止日不同区域按不同类型均价计算的销售收入进行分摊，清算后不再进行调整。或者按出让时挂牌底价计算的不同区域、不同类型的价格等比例增值进行分摊计算。

理由：对于土地价款在不同分期、不同类型房产之间分摊，主要有按占地面积分摊、按建筑面积分摊、按销售收入分摊等方式。当建设有不同类型的房产时，按占地面积、建筑面积进行分摊没有考虑土地价值受限于规划类型这一事实，同一地块因建设住宅、商业、办公、学校、会所等不同类型，其对应的土地价值显著不同，简单按面积分摊是不合理的。

【建议四】将土地出让合同约定的其他经济利益流出作为土地取得对价的一部分，应按照实际支出成本，视同土地成本予以扣除。

理由：因不同时期土地出让政策的变化，有些土地出让合同需要建设方承担项目红线外的公共配套设施建设任务，如学校、医院、体育设施、道路、绿化、保障房、人才房等。很多地方规定红线外成本不得纳入扣除范围，对清算结果影响很大。

【建议五】将政府有关部门规定应配建的机械车位成本作为开发成本处理。企业自行建设的机械车位，因建设机械车位增加的建设安装成本不予扣除，纳入清算收入的除外。

理由：随着城市可建设用地的不断减少，土地利用呈集约化趋势，导致一些项目需要配建无产权机械车位。机械车位建设有利于提高土地利用价值，也是项目开发建设不可或缺的成本支出。有些地方税务机关将无产权机械车位建设成本归为设备类，不得作为成本扣除。

六、关于清算后管理

【建议一】清算后再销售，按月以项目总体计算应缴税额，按差额补税或退税（类似于企业所得税汇算清缴方式）。这样，不论清算时点如何选择，项目累计纳税额与按项目总体销售完毕后的清算结果一致，不会因清算时点的选择影响纳税金额。

理由：国税发〔2006〕187号文第八条规定，在土地增值税清算时未转让的房地产，清算后销售或有偿转让的，纳税人应按规定进行土地增值税的纳税申报，扣除项目金额按清算时的单位建筑面积成本费用乘以销售或转让面积计算（单位建筑面积成本费用＝清算时的扣除项目总金额÷清算的总建筑面积）。

执行过程中可能遇到的问题是：纳税人已清算项目继续销售的，各地执行口径为按次或按当月、按当年进行清算，根据清算后再售部分的增值率对应税率计算应缴税款。这样做的原因如下：一是后期调价导致部分房产的清算税率高于整体，额外增加税收负担；二是后期销售较低价的开发产品，增值额为负（如车位），又无法与清算时的增值额相抵；三是清算截止时间不一样，清算时未销售部分的多少，与清算时平均价格的差异，导致项目总体清算税款不同，有违税法中性原则、确定性原则。

【建议二】纳税人清算后项目转让房地产的，应允许企业申请进行二次清算，即将已清算和未清算部分合并重新计算土地增值税，多退少补；扣除项目的截止期限以第二次清算为准。

土地增值税清算后收取的清算时已售房产面积补差款，由于金额相对较小，简化处理为宜。具体可以参考厦门市的规定。厦门市地税局《关于印发〈厦门市房地产开发企业土地增值税清算管理办法〉的通知》（厦地税发〔2010〕16号）规定，土地增值税清算后收取的清算时已转让房地产的补面积差款项直接作为增值额，按清算时确定的适用税率计算缴纳土地增值税。

理由：已竣工验收的房地产开发项目，由于内部保留房源或受开盘策略影响，可能导致开发项目长期不能清盘。若此时达到清算条件，未售部分的房产难以估计售价，无法准确计算增值额，所以土地增值税清算仍限于已售部分。

（1）如果已售部分清算完毕后，剩余部分房产再转让，是单独计算土地增值税，还是与以前清算的收入合并重新计算。两种计算方式的结果可能大不相同。有可能项目前期已售部分可以免税，后期销售部分因造价提升导致售价提升，但是由于仍然适用前期项目单方成本，所以无法适用免税政策，导致整盘土地增值税税负不均。

（2）国家税务总局对土地增值税扣除项目的发生时间范围没有明确规定，只要是《土地增值税暂行条例实施细则》规定的扣除范围，并与项目有关的扣除项都可以扣除。但是有的地方另有规定，比如北京地税局2016年第7号公告第十六条规定，纳税人应以满足清算条件之日起 90 日内或者接到主管税务机关清算通知书之日起 90 日内的任意一天，确认为清算收入和归集扣除项目金额的截止时间，并将清算截止日明确告知主管税务机关。广州、安徽、江西等地均有类似规定。

【建议三】清算后取得合法有效凭证，补交土地出让金、基于重大失误遗漏成本项、后续再发生重大成本事项，或因公共配套设施在不同分期清算对象间成本分摊发生重大变化，对土地增值税清算结果造成重大影响的，应可以申请二次清算，经审核应退税的，可以申请办理退税。

理由：清算后，因补缴土地出让金、基于重大失误遗漏成本项、后续再发生重大成本等事项，对土地增值税清算结果会造成重大影响。是否可以重新进行土地增值税清算，相关政策尚不明确。

【建议四】关于退税项目审核时间。建议对于退税项目，明确主管税务机关的审核时间，应在提交土地增值税纳税申报表之日起 30 日内，最长不超过 60 日完成审核。

【建议五】关于追征期。明确土地增值税追征期，以及应该如何计算追征期。

七、关于资产转让

【建议】房地产企业业务重组涉及合并、分立，应按视同销售进行土地增值税清算，销售收入应按公允价值确定。重组后再开发销售的，应进行土地增值税清算。重组清算环节的公允价值为再清算

税收不确定性

时的土地成本或土地＋部分工程成本（在建工程）的，应按规定进行加计扣除。重组前为完工产品再销售的，应适用旧房土地增值税政策。

理由：财政部、国家税务总局关于企业改制重组过程中的土地增值税政策，一贯规定企业在改制重组过程中合并、分立涉及的土地增值税政策不适用于房地产开发企业。房地产开发企业涉及合并、分立的，应按规定进行土地增值税清算。清算后，再实现销售的，对于再销售后土地增值税进行清算时，有些地方还对土地或在建工程成本认定是否应加计扣除存在疑虑，执行政策不明确。

REITs 业务的税收分析与政策建议[*]

一、REITs 的基本概念

REITs（real estate investment trusts），一般被称为房地产投资信托基金。经济合作与发展组织（OECD）在《关于房地产投资信托的税收协定问题》一文中，认为 REITs 是被广泛持有的公司、信托或契约，主要从其长期投资的不动产中获得收入，并将大部分的所得进行分配的一种信托工具。

从宽泛的角度看，REITs 是实现不动产证券化的高效途径，与不动产抵押贷款证券化（CMBS）、以商业地产租金收入和房地产行业应收账款等未来稳定现金流为支撑的非信贷资产证券化（ABS）等都属于资产证券化业务。REITs 以成熟商业物业为基础资产，依托不动产收益，以基金份额等形式在资本市场流通和交易，从而吸引零散投资者的资金。REITs 具有良好的收益性，投资者可以从中获得风险较低且稳定可预期的收益。因此，自 20 世纪 60 年代在美

---

[*] 王庆，吴中兵，魏斌. REITs 业务的税收分析与政策建议. 财务与会计，2021（4）：57-60.

国诞生起，REITs 就受到广大投资者和房地产企业的认可和欢迎。近年来，随着金融体系的进一步完善，特别是信用体系建设取得重大进展，REITs 逐渐开始探索在二级市场上交易，提高了自身的流动性，提升了房地产企业的融资效率，进一步为房地产企业的发展注入动力，同时也为社会资金投资提供了更加多元化的渠道。2020 年 4 月 30 日，中国证监会、国家发展改革委联合发布了《关于推进基础设施领域不动产投资信托基金（REITs）试点相关工作的通知》（证监发〔2020〕40 号）（以下简称 40 号文）将 REITs 推广到基础设施领域，明确了公开上市交易的相关程序和渠道，REITs 已成为当前国家促投资、降杠杆、补短板的可选政策工具之一。国内已开展的 REITs 业务结构如图 1 所示。

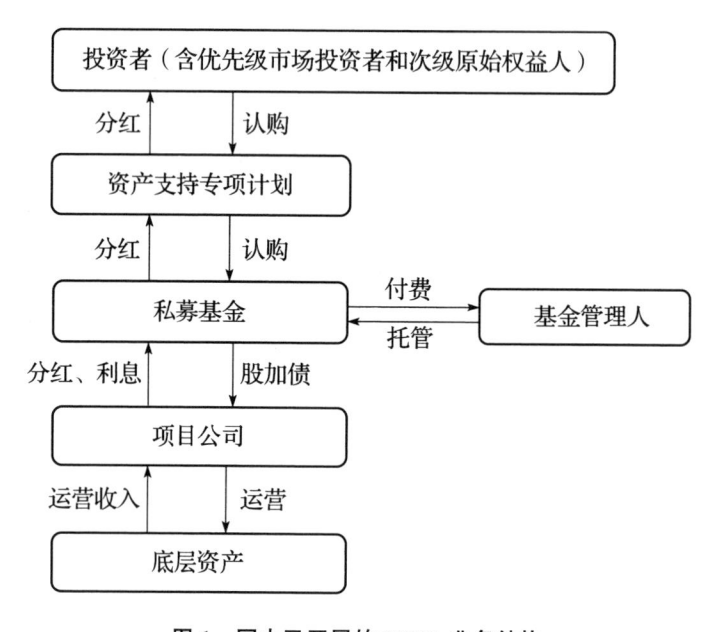

图 1　国内已开展的 REITs 业务结构

按照组织形式，REITs 主要可以分为契约型（基于契约原理而组织起来的代理投资行为，投资者通过信托契约关系参与 REITs，根据收益凭证份额获得收益）、公司型（通过发行股票或受益凭证的方式来筹集资金，投资者以股权投资人身份参与 REITs 并参与分红）。

基于监管要求，我国目前开展的资产证券化都必须统一以"资产支持专项计划"作为特殊目的载体，通过发行资产支持收益凭证募集投资者资金。为减少所得税的不确定性，减少融资产品期限的错配且获取稳定的现金流，实践中通常是以"股权＋债权"的组合方式持有 SPV，并委托管理公司提供专业管理，获取的运营收益按投资者持有的基金份额进行分配。与境外成熟的公募形式的 REITs 产品相比，在 40 号文颁布之前，国内多是券商通过"资产支持专项计划"发行固定收益凭证，多数签有回购协议，这些收益凭证份额仅限于合格投资者认购。这种近似于标准化 REITs 融资架构的私募类融资被称为"类 REITs"（见表 1），参与人主要是证券公司、发起人、资产管理支持计划、私募基金、项目公司（物业持有人）、投资者。40 号文颁布后，基础设施公募 REITs 如何落地有待观察。

表 1　REITs（以美国范例和 40 号文为参考对象）与类 REITs 的差异对比

项目	美国 REITs	中国类 REITs	基础设施 REITs
组织形式	多为公司型	契约型	契约型
交易形式	主要为公募	私募	公募
分配要求	分红不得低于应税所得的 90％	无明确要求	无明确要求

续表

项目	美国 REITs	中国类 REITs	基础设施 REITs
税收要求	分配给投资者的符合条件的股息可以在公司所得税前扣除；个人投资者持有 REITs 期间的资本利得享受税收优惠	不动产的租金等收入，涉及增值税、房产税、企业所得税；个人投资者获得分红涉及个人所得税；不动产转让涉及所得税和土地增值税等	总体应与国内已推行的类 REITs 基本相同，部分政策有待明确
投资人要求	门槛低，不限制个人投资者	私募类门槛高，有合格投资者要求	较私募门槛低
集中度要求	有	无	有待明确
设立目的	拓宽融资渠道，让中小投资者分享不动产投资收益	拓宽融资渠道，降低负债率，资产出表	与类 REITs 相同

二、国外 REITs 税收状况

1. 美国 REITs 税收状况

根据美国《税收法典》第 856 条的规定，REITs 可以采用信托等形式，REITs 将众多投资者的资金汇聚起来，向房地产所有人收购具有可观收益的不动产，或者为相应项目进行融资。

美国的 REITs 申报税款时要按独立的纳税类型，单独填写《美国房地产投资信托所得税申报表》。如果 REITs 将其 90% 以及以上的利润进行分配，那么分配的该部分股息可以在 REITs 计算总收入前直接扣除，不缴纳所得税，具有典型的税收驱动特征。从 REITs 分配的股息由取得股息的投资者自行申报纳税。

由于美国对REITs符合条件的应税所得分配给予了税前扣除的优惠措施，使得REITs与其他投资工具相比，其资产盈余指标和分红指标属于较高的品种。

2. 其他国家（地区）REITs税收状况

从全球范围看，尽管各个国家和地区在税收架构等方面存在一定的差异，但是针对REITs都采取了一定的优惠措施，从而避免重复征税。目前欧亚各国多是参照美国发行REITs后的经验发展起来的，因此各国REITs在业务模式、股权结构、投资对象、收入分配等方面均不同程度地借鉴了美国税法的规定。

例如，在日本，在持有环节REITs层面征收房产税、消费税（增值税性质），而对于所得税，与美国的做法类似，分配的应税所得符合条件的可以在税前扣除；个人和机构投资者的分红按照不同税率缴纳所得税。在交易环节，投资者出售REITs份额适用的税率与分红所得税率相同。作为仅次于日本的亚洲第二大REITs市场，新加坡对于REITs层面取得的租金收入免税，如项目公司从租金收入中产生的分红，可在所得税前扣除，即予以免税；投资者就分红缴纳的所得税亦按类别享受税务优惠，个人投资者的分红收入免征所得税，外国机构投资者的适用税率暂减至10%等等。这些税收优惠政策使得新加坡REITs的平均分红收益率较高，易被市场投资者接受。

三、中国REITs税收状况

我国尚未针对信托投资基金制定明确法律或专门制定征税规定。

笔者在 2021 年主持信托税收研讨会时，与财政部、国家税务总局的领导就信托业税收进行了深入讨论，相关领导已确定了税收总体框架。但在目前情况下，在 REITs 设立阶段，现行税收法规对房地产行业较为严苛，基础设施类 REITs 的税收环境相对宽松。在存续运营阶段，REITs 本身是向受益人分配信托利益的"管道"，具有导管特性，同一收入往往会进行多步传递，如果税收政策的适用不够市场化或不够精细，可能会导致在资产收益层和投资者层面的所得税重复征收。

REITs 的运作过程通常可以分为设立环节、持有存续环节。在设置底层资产时，为了实现标的资产与原有房地产企业的风险隔离，初始设立 REITs 时，需要将底层资产重组剥离至 REITs。按照时间顺序，首先是资产注入环节，即先设立一家项目公司，由发起人向项目公司投入不动产，由于涉及房地产权属的转移，发起人一般作为房地产的投资方或出售方，从税法角度看，可以理解为以资产换取项目公司的股权。随后，由 REITs 对项目公司进行股权收购。在发起人将相关基础资产投入项目公司后，REITs 对项目公司进行股权收购，从而实现资产控制，完成风险隔离。在存续运营环节，涉及的主要主体包括项目公司、私募基金和投资者等。REITs 产品结构中可能会套用多种通道，从标的物业获得收入到最终作为投资收益分配给投资者。

不同的持有架构、资产情况和时点会有不同的税务处理，情况较为复杂。目前我国 REITs 的税收问题集中在税负较高和重复征税两方面。由于篇幅有限，本文针对税负较高问题的分析主要围绕土地增值税、增值税展开，重复征税问题主要围绕所得税展开。

四、税负问题分析

1. 土地增值税

（1）问题。

在 REITs 设立环节，为确保风险隔离，往往采用资产收购的方式将标的资产转移。为了促进企业改制重组，财政部、国家税务总局出台了《关于继续实施企业改制重组有关土地增值税政策的通知》（财税〔2018〕57 号，以下简称 57 号文）等系列文件。文件规定，符合情况的发起人以其持有的底层物业资产作价入股新设项目公司可享受暂不征收土地增值税的优惠，但规定房地产开发企业不得享受改制重组土地增值税优惠政策，事实上消除了部分房地产开发企业作为发起人的类 REITs 业务享受税收优惠的可能，基础设施 REITs 通过合理运作后一般可以适用。

为规避转让不动产需缴纳的土地增值税，在实际操作中，以房地产企业为发起人的，有以转让公司股权的方式实现对不动产转让的。由于不动产及其收益是 REITs 业务设立的项目公司的主要资产，股权转让也存在被税务机关参考《国家税务总局关于以转让股权名义转让房地产行为征收土地增值税问题的批复》（国税函〔2000〕687 号，以下简称 687 号文）文件精神征收土地增值税的风险。

也有企业在剥离不动产时，以取消房地产开发资质的方式，达到 57 号文的要求。但该做法本身的税收风险依然较大,一些主管税务机关认为在企业拥有房地产开发资质期间开发、建造的项目,即使是在之后取消了房地产开发资质时,依然难以享受暂不征收土地增值税的待遇。①

(2) 建议。

按照形式征税原则,发起人设立项目公司时,依据现行税收政策认为已经满足土地增值税的课征条件。但政策制定时,还应结合实质,考虑作为委托人,将标的财产移转给受托人是否满足实质意义上的经济所有权转移。

1) 在 REITs 框架下,权益资产从发起人处转移进行证券化,证监部门要求必须符合真实出售,从而实现风险隔离,发起人因此要产生资产交易行为。

如果不满足实质意义上的经济所有权转移,比如 REITs 规定发起人有回购义务,或者受益人为委托人自己(自益信托),在信托到期后,信托资产经清算回归委托人。这样的信托结构,即使有真实出售的条款和处理要求,其目的是满足证券监管的规定,应对土地增值税的征收综合权衡,建议划入不属于土地增值税的征税范围。

如果 REITs 没有约定委托人承担回购等义务,是通过转让、公募等途径将不动产和土地等永久转移,建议对委托发起人进行的资产重组征收土地增值税,从而与不动产直接交易达成税收公平。

---

① 参见《财政部、税务总局关于继续实施企业改制重组有关土地增值税政策的通知》(财税〔2018〕57 号)第五条。

考虑部分不动产转移的实际税负可能较高,如果国家层面扶持REITs的决心和力度较大,给予发起方的土地增值税纳税义务递延或者给予分期申报缴纳的优惠政策比较合适。

2) REITs 收购项目公司股权时,项目公司的主要资产是不动产,考虑到 REITs 的融资特性显著,建议明确 REITs 业务中发起人的股权转让行为不是土地增值税的征税对象。

2. 增值税

(1) 问题。

1) 设立前。在 REITs 设立前,发起人将自有不动产划入项目公司。在投资环节,按照增值税相关规定属于视同销售不动产,需要计算相应的增值税销项税额。按一般计征时项目公司可获得等额的进项税额,但发起人毕竟是在 REITs 设立阶段额外增加一笔融资支出。

虽然在实操时可以利用企业重组的相关政策,比如采用分立方式将涉及的基础资产进行剥离,涉及的不动产、土地使用权转让行为属于不征收增值税项目。但在实际操作时文件要求将与实物资产相关联的债权、负债和劳动力一并转让给项目公司,而 REITs 业务一般需要将关联的部分相关资产剥离,这样做可能会引发主管税务机关的异议,需要进行复杂的斟酌与沟通。

2) 转让项目公司股权。发起人通过重组,将项目公司股权划转、转让给 REITs,只要符合税法规定则不征收增值税。

3) 设立及持有存续环节。目前,我国的 REITs 以契约型居多,由于没有针对REITs颁布专门的税收政策，使得我国REITs业务在实际操作时面临很多认知差异与不确定性。《财政部、国家税务总局关于明确金融 房地产开发 教育辅助服务等增值税政策的通知》（财税〔2016〕140号，以下简称140号文）规定，资管产品管理人为资管产品在运营过程中发生的增值税应税行为的增值税纳税人。《财政部、税务总局关于资管产品增值税有关问题的通知》（财税〔2017〕56号）规定，资管产品管理人适用简易计税方法，按照3%缴纳增值税。虽然REITs主要投资不动产、基础设施等并获取收益，但为了获得更高收益，或基于REITs股权及交易结构的需要，可能会部分再投资于其他投资基金、资管产品等，从而形成嵌套投资。140号文规定合同中明确承诺保本的资管产品才征收增值税，但在现实中REITs产品设计时为了增信，通过架构设计、劣后兜底、关联方回购、流动性支持等多种安排保障本金（甚至是收益）安全，在此情况下是否要征收增值税，各地税务机关和征纳双方往往有不同的理解。

（2）建议。

对REITs业务中采用的增信和保本条款给予解释或列举，以减少其中的税收不确定性和税收风险。

3. 企业所得税

（1）REITs在交易物业的过程中所产生的收益会产生企业所得税纳税义务。按照《财政部、国家税务总局关于企业重组业务企业所得税处理若干问题的通知》（财税〔2009〕59号，以下简称59号文）和《财政部、国家税务总局关于促进企业重组有关企业所得税处理问题的通知》（财税〔2014〕109号）的规定，满足条件的分立、股权（资产）收购、股权（资产）划转等重组形式可以适用特殊性税务处理，但其适用条件比较严格，需要保持经营和权益的连续性。59号文第十条作为兜底条款，规定企业在进行并购重组前后连续12个月内，即使采取措施对资产、股权多次分步进行交易，也应将连续12个月内的多次交易合并为一项企业重组交易进行处理。即重组完成后，不仅股权要在连续12个月内不发生转移，连续12个月内不改变重组资产原来的实质性经营活动，而且重组前一年内的系列、分步的重组也应并入重组操作中。虽然绝大多数的REITs相关资产的经营实质未改变，但权益会在12个月内发生变化，且重组前已完成的前置重组业务的时间也要按最终完成的重组时间计算。REITs是一种金融工具，时间成本很重要，如果按照59号文第十条的规定，REITs将较难适用目前的重组优惠政策，可能会造成税负提高。

即使是《财政部、税务总局关于基础设施领域不动产投资信托基金（REITs）试点税收政策的公告》（财政部、税务总局公告2022年第3号）对设立基础设施REITs前，原始权益人向项目公司划转基础设施资产相应取得项目公司股权，认可其适用特殊性税务处理，但依然没有在是否还是继续要求股权要在连续12个月内不发生转移，连续12个月内不改变重组资产原来的实质性经营活动上给予宽松的待遇。单纯从字面意思理解，似乎只是对基础设施REITs直接认可其符合重组的特殊性处理待遇，而非基础设施 REITs 应该还是要按 59 号文的条款执行。

而在 REITs 设立阶段，也只是给予基础设施 REITs 以税收递延。当然，对此项递延，公募的基础设施 REITs 完成募资并支付股权转让价款，实际上已形成了股权的转让，T20 成员单位都对此条款表示赞同。

（2）建议。

对发起人在 REITs 设立发生前分步将其基础资产通过系列重组注入项目公司的，如果确定 REITs 设立期间的资产重组中资产控制的实质未变，建议对前后连续 12 个月内的时间性约束给予适当放宽，给予 REITs 业务相应递延纳税的操作空间。

五、重复缴税问题分析

1. 企业所得税

项目公司获得租金等收益需要缴纳企业所得税，当 REITs 给投资者分红时，法人投资者由于并未直接对底层资产进行投资，从 REITs 获得的分红可能无法被认定为免税收入。《财政部、国家税务总局关于信贷资产证券化有关税收政策问题的通知》（财税〔2006〕5 号，以下简称 5 号文）规定信托项目收益在取得当年向资产支持证券的机构投资者（以下简称机构投资者）分配的部分，在信托环节暂不征收企业所得税；在取得当年未向机构投机者分配的部分则应申报缴纳企业所得税。但 5 号文有特定范围，目前类 REITs 的投资对象一般不适用。

《财政部、国家税务总局关于企业所得税若干优惠政策的通知》（财税〔2008〕1号，以下简称1号文）则规定证券投资基金从证券市场中取得的收入，以及投资者从证券投资基金分配中取得的收入，暂不征收企业所得税。在REITs交易中，私募基金持有项目公司的股权同样不符合文件规定，无法适用。证监发〔2020〕40号文将基金管理公司设立的公募基金命名为基础设施证券投资基金，但该类基金主要不是从事股票、债券等金融工具投资，其投资者是否可以享受包括上述文件内容在内的给定税收优惠政策还有待明确。

美国《税收法典》修订后允许公司型REITs进行不动产投资，之后，经过税收优化的伞形结构的合伙型REITs（Umbrella Partnership REITs）通过有效的递延税收，进一步助推了美国REITs的高速扩张。

中国的REITs之所以陷入了重复征税的争议，并不能都怪罪于税制本身，而是中国证券监管部门要求以"资产支持专项计划"作为特殊目的载体，导致公司型REITs难以开展。如果允许采用公司型，则可以有效应对。

目前，中国一些公司型的权益性投资基金，比如财政部组织的中国PPP产业投资基金，投资对象向其分配的股息、分红，可以计入免税收入获得扣除。基金向股东分红后，股东们同样可以在税前扣除，从而避免了重复征税。

2. 个人所得税

个人投资者从基金分配的股息、红利收入应按 20% 的税率缴纳个人所得税。这在不少 REITs 税收研究中经常被诟病。不同的国家和地区有不同的考量。即使是美国和日本，也并未对 REITs 的个人投资人获得的分红给予免税优惠。

六、T20 建议

我国在制定相关税收规则时对"所有"和"所得"分离的思路不太认同，这就决定了中国 REITs 税收政策的完善不能完全以美国为蓝本。针对国内 REITs 税收法规现状，T20 提出如下建议。

1. 建立和完善包括 REITs 在内的信托、资产证券化税收规范体系

从宏观层面看，我国现行的税制体系除了对证券投资基金和信贷资产证券化有税收规定外，对信托、资产证券化业务，包括 REITs 的课税并没有一部完整的税收规范。在现金税收处理时只能直接套用针对一般经济业务的现有政策规定，很多业务处置甚至没有适用的文件进行指导、规范。尤其是 REITs 业务较为特殊，在目前的实操过程中，往往采取双层 SPV 架构，加剧了基层税务人员的税法理解和执行难度。

建议财政部、国家税务总局就资产证券化制定一部综合性税收文件，对 CMBS、ABS、REITs 等业务进行宏观规定，再配套具体的程序类公告文件，从而为包括 REITs 在内的资产证券化制定较为完善、便于执行的税收法律规范。

2. REITs 税收问题应立足于中国的税法和其他行业监管政策的大环境

本文主张解决 REITs 的税收问题，应该在现行的税收体制下适当借鉴国外如美国等 REITs 业务先行者的经验，在整个信托税收体系的基础上得以最终解决。这将有助于我国完善税收安排，减少 REITs 在设立、发行等环节中存在的税收不确定性，从而有效提高 REITs 的投资收益率，为我国 REITs 业务提供更广阔的空间。但同时要注意结合中国的具体国情，基于现行税收框架和其他一些监管部门的政策要求，逐步完善税收体系和具体政策。

无产证地下车位流转的业务实质及税收处理分析[*]

地下车位或地下车库是指开发商在建筑物的地下部分,按照物权法、车位配建规划指标等要求,通过地面划线、墙柱隔断等方式分割出开放式的空间以用于车辆停放。根据《建筑学名词》(第二版)的定义,其技术要求是停车间室内地坪面必须要低于室外地坪面高度超过该层净高的一半。

目前相关法规对地下车位的权属及其处理的规定不够明确,也没有禁止开发商进行出售的任何规定,开发商总体上倾向于将其迅速转让。

目前学术界对无产证地下车位的流转行为的认识差异较大,主要有财产转让说和租赁说两种观点,进而又产生了涉税问题,即是征收土地增值税还是房产税。不仅税企间有争议,甚至不同区域的税务机关的认识也有所不同,究其原因,是业务参与各方对业务的实质判断不一。在本文之前已有不少文章围绕物权法、合同法、人

---

[*] 王庆,苗为. 无产证地下车位流转的业务实质及税收处理分析. 财务与会计,2019(16):53-56.

防法等法律文件对无产权证地下车位的权属和税收处理方式进行了分析。本文尝试从税收视角，以会计准则和司法实践为手段进行分析，以期能更精确地对业务实质进行判断。

一、产生税收争议的原因

1. 开发项目配建地下车位必不可少

根据《中华人民共和国城乡规划法》（2019 年修正）、各级政府《规划管理技术规定》、《城市地下空间开发利用管理规定》（2011 年修正）、《城市停车规划规范》、《城市停车设施规划导则》及《关于进一步完善城市停车场规划建设及用地政策的通知》等文件，开发商获取土地进行开发，需要按规划要求合理利用地上、地下空间配建车位、车库。

2. 部分车位未能进行独立的确权

由于现有法律法规的规定模糊，各地国土房管局对于车位、车库的证照及权属登记实践不尽相同。人防车位权属争议长期悬而不决，导致不少地方一直没有开展地下空间产权登记工作；同时，地下车位（库）建筑面积测绘技术规范尚未明确。根据《房产测量规范》，房屋必须具有永久性的固定界标，但目前地下车位界限大多用线段标明，四至范围缺乏固定界标，导致部分地下车位无法获得产权登记。

3. 相关政策不明确

在实际运作时，各地政策不一。在现有的规定中，有的能办理预售许可证,有的能办理网签,有的能办理产权证;多数在实践中采取了回避的态度;也有的地方完全不予以办理任何手续。

开发商一般根据《物权法》[①]第七十四条第二款以及《中华人民共和国防空法》(2019年修正)第五条的规定,将地下车位以永久使用权或产权转让合同或组合的方式一次性流转给业主。然而,由于未能准确判断地下车位流转的性质,在对上述转让的履约行为的定性方面就产生了问题,因此也就产生了税收认识的差异。

4. 税收政策解读不明

由于对开发商将地下车位的使用权永久性地流转给业主的行为定性不一,因此就产生了按转让地下车位征收土地增值税或按租赁地下车位征收房产税的不同。目前,部分省市税务机关是按租赁征收房产税,其一般是依照《中华人民共和国房产税暂行条例》第三条第三款的规定"房产出租的,以房产租金收入为房产税的计税依据"为依据征收。还有税收专业人士认为,根据《中华人民共和国合同法》(以下简称《合同法》)[②]第二百一十四条规定的"租赁期限不得超过二十年,超过二十年的,超过部分无效"这一条款,开发商永久转让地下车位使用权已超过《合同法》的二十年期限规定,所以只能是租赁。但根据上述解读,将地下车位使用权或产权组合

[①] 该文在2019年先期发表,本书在选用该篇文章的过程中,《中华人民共和国民法典》已自2021年1月1日起生效,《中华人民共和国物权法》同时废止。《中华人民共和国物权法》相关条款可参阅《中华人民共和国民法典》。

[②] 该文在2019年先期发表,本书在选用该篇文章的过程中,《中华人民共和国民法典》已自2021年1月1日起生效,《中华人民共和国合同法》同时废止。《中华人民共和国合同法》相关条款可参阅《中华人民共和国民法典》。

永久转让确定为租赁业务范围的依据是什么，依然没有做出清晰的解释。

因此，明确人防设施的产权拥有方、租赁的概念和适用范围以及永久转让无产证地下车位是否适用租赁，将有助于我们的分析。

二、利用人防设施改造的地下车位的性质

地下人防设施，无论是附着地面建筑，还是独立开发的，视情况一般需向城市规划行政主管部门申请办理建设用地规划许可证、建设工程规划许可证。而利用人防设施改造的地下车位与非人防地下车位相比，其性质和税收处理争议目前更为激烈。主要体现在产权属于谁，是否可以销售，该如何征收税等几个方面。

目前来看，利用人防设施改建的地下车位应该由谁确权，相关法律做出了规定。《中华人民共和国物权法》第七十四条规定："规划用于停放汽车的车位、车库的归属，由当事人通过出售、附赠或者出租等方式约定。"但对不属于规划用于停放汽车的车位、车库，性质上也不属于占用业主共有的道路或者其他场地的人防设施的，并未有明确的规定。

《中华人民共和国国防法》（以下简称《国防法》）第四十条规定："国家为武装力量建设、国防科研生产和其他国防建设直接投入的资金、划拨使用的土地等资源，以及由此形成的用于国防目的的武器装备和设备设施、物资器材、技术成果等属于国防资产。国防资产属于国家所有。"

《城市地下空间开发利用管理规定》(2011年修正，以下简称《管理规定》)第二十五条规定："地下工程应本着'谁投资、谁所有、谁受益、谁维护'的原则，允许建设单位对其投资开发建设的地下工程自营或者依法进行转让、租赁。"

本文认为，根据《国防法》和《管理规定》的相关规定，国家投入资金建造的包括人防设施在内的国防资产属于国家所有，非国家投入资金建造的人防设施，理论上不属于国家，至少不能强行认为必定属于国家。

《中华人民共和国人民防空法》(2009年修正，以下简称《人民防空法》)有如下规定：

> 第四条 人民防空经费由国家和社会共同负担。
>
> 中央负担的人民防空经费，列入中央预算；县级以上地方各级人民政府负担的人民防空经费，列入地方各级预算。
>
> 有关单位应当按照国家规定负担人民防空费用。
>
> 第五条 国家对人民防空设施建设按照有关规定给予优惠。
>
> 国家鼓励、支持企业事业组织、社会团体和个人，通过多种途径，投资进行人民防空工程建设；人民防空工程平时由投资者使用管理，收益归投资者所有。

《中共中央、国务院、中央军委关于加强人民防空工作的决定》(中发〔2001〕9号，以下简称《决定》)第十七条对存量的人防设施的经济化利用做出规定："遵循社会主义市场经济规律，对现有人民防空设备设施,在保持和增强战备功能、安全保密的前提下,积极开发利用。要研究制定人民防空国有资产使用和管理办法,明晰人民防空设备设施的产权,实行产权与使用权、经营权的分离,把使用权、经营权推向市场,有偿出租、转让,为经济建设服务。"

对于《国防法》《人民防空法》《决定》中的相应条款,本文认为可以得出以下结论:首先,法律承认政府投资建造的人防设施和社会资本投资建造的人防设施的区别,因此,不能一刀切地认为人防设施都属于政府,而应以"谁投资、谁所有、谁受益、谁维护"为原则;其次,由于《人民防空法》以法律形式对社会资本投资建设人防设施进行了授权和许可,承认政府是建造地下人防设施的授予方和特许发起方。法律规定社会资本投资获得政府授权后,有权特许建设人防设施,并作为投资方获得政府授予的人防设施的使用、管理、收益权及其组合。

《国际财务报告解释公告第 12 号——服务特许权协议》(IFRIC12)进行了清晰的解释。IFRIC12 认为,包括人防设施等公共基础设施传统上由政府建造、经营、维护,并通过公共预算拨款获得资金来源。当财政预算不足或因为其他原因导致政府不进行基础设施建设时,政府可以通过授权特许建造和后续服务吸引社会资本参与投资建设。投资方通过建造、运营等服务而获得相应的回报,在合同约定的特许服务期间,投资方在运营期间不得改变设施的用途。如在项目启动时政府方认为整个项目经营期的回报或补贴足以补偿建设投资,在特许服务期限届满时,投资方应将项目设施无偿移交政府,即 BOT（建设—运营—移交）模式，投资方获得的回报期限覆盖的是整个特许服务期；如在项目启动时政府方认为整个项目经营期的回报或补贴不足以补偿建设投资，可以通过政府增加给予额外补贴的方式使得投资方获得合理回报，也可通过政府放弃项目所有权的形式，使得投资方获得必要的回报，比如需要新建人防设施的 BOO 模式（建设—拥有—运营），投资方获得回报的期限覆盖的是整个人防设施的全寿命期；盘活已有存量人防设施的 TOO 模式（购入—拥有—运营），也就是《决定》第十七条所强调的主要内容。

《人民防空法》第五条做了如下规定："人民防空工程平时由投资者使用管理，收益归投资者所有。"需要我们重视的是，法律此处只进行了特许建造、后续服务和获得报酬的授权，并未约定投资方向政府无偿移交人防设施的期限。如果具体的项目合同同样没有相应的特殊条款约定移交期限，则政府和投资方实际上采用了 BOO 模式。开发商投资建造的地下人防设施在建造完毕，验收合格，可以交付使用时，就"拥有"了人防设施的产权，自然也就获得了使用、收益和出租、转让等权利，但地下车位在全寿命期间依然不得改变其人防设施性质，国家可在战时征用作为人民防空工程使用。

三、租赁的概念与适用

1. 税法概念

目前土地增值税和房产税并未对租赁业务进行详细解读。已有的政策主要出现在增值税和企业所得税文件中，这两个税种主要都是将租赁服务分为融资租赁服务和经营租赁服务,认为在约定的租赁合同有效期内,租赁物所有权属于出租人,承租人只拥有使用权。不同的是增值税将售后回租业务直接整体从租赁业务中单独划出,并入融资。此外,增值税沿袭营业税的规定"转让建筑物有限产权或者永久使用权的……按照销售不动产缴纳增值税"(财税〔2016〕36号)。

2. 准则概念

《企业会计准则第21号——租赁》(CAS21)第二条规定:"租赁,是指在一定期间内,出租人将资产的使用权让与承租人以获取对价的合同。"CAS21第三十五条规定:"融资租赁,是指实质上转移了与租赁资产所有权有关的几乎全部风险和报酬的租赁。其所有权最终可能转移,也可能不转移。经营租赁,是指除融资租赁以外的其他租赁。"

国际会计准则对风险和报酬进一步做了详细的规定:"本准则对租赁的分类,是以与租赁资产所有权相关的风险和报酬归属于出租人或承租人的程度为依据的。风险包括由于生产能力的闲置或技术陈旧可能造成的损失,以及由于经济状况的改变可能造成的回报变动。报酬可以表现为在资产的经济寿命期间对盈利活动的预期,以及因资产增值或残值变现可能产生的利得。"

3. 租赁与转让的差异

(1) 融资租赁的区别。

以上述规定为基础进行判断,开发商永久转让地下车位产权组合的业务行为,并不符合融资租赁的主要类型中的任意一种,比如直租、转租、回租等。在交易双方议定的租赁期间内，整个交易过程不适用于融资租赁的关键点有两方面：一是融资租赁到期后，承租人一般有是否买断资产的选择权，但转让不会发生此类情况；二是融资租赁产生的根本原因，是需要对标的资产进行运营或开展其他业务的承租人，因为财力不足或其他原因暂无法直接给付该资产的对价，从而不得不在额外付出一定的财务代价的基础上，采取融资租赁的方式获得其期待的设施或财产。而在永久购买地下车位使用权的交易中，业主一般完全有能力给付相应的对价，给付形式根据合同约定的不同而有所不同，可以是一次性给付，也可以是按揭或短期内的分期给付，开发商因此可以迅速收取经济利益。两者间的主要差异是，如采用融资租赁方式，由承租方在租赁期内加计时间价值后在整个合同期间分期给付租金，总给付对价大于租赁资产的现值。但融资租赁可以避免承租方短期内无力支付对价的情况。而开发商一般没有融资租赁的资质，也希望尽快回收资金。

（2）经营性租赁的区别。

如将永久性转让地下车位的使用权业务视为经营性租赁，也有很多概念明显不符。具体表现为：

1）业务期限。租赁是必须在一定期间内发生的业务行为，而永久性转让地下车位使用权行为是无限期的流转。两者在时间上存在明显差异。

经营性租赁到期后，承租人有续租选择权，即有权选择续租该资产，且合理确定将行使该选择权的，租赁期还应当包含续租选择权涵盖的期间。但在开发商对地下车位使用权的流转业务中，由于是永久性流转，业主无须也不可能还拥有续租选择权。

2）业务终止权。根据CAS 21第十五条第三款规定："承租人有终止租赁选择权，即有权选择终止租赁该资产。"在开发商永久性转让地下车位使用权的业务中，随着流转合同的签订和实际交付，业主如果不是因为质量等特殊原因，将无法终止此已转让完成的交易，比如向开发商退还车位使用权。

3）风险和报酬的转移。国际财务准则规定，如果一项租赁实质上没有转移与资产所有权相关的全部风险和报酬，那么该项租赁应归类为经营租赁。

但是，在开发商对地下车位流转的业务中，已将资产所有权相关的全部风险和报酬都转移给了业主。如果因为国家对房地产行业的调控，而发生了地下车位市场公允价值的下降，则业主无法要求开发商承担风险。如果是经营性租赁，则承租者此时就可以要求出租方降低出租价格。

另外，业主购买了地下车位的永久使用权后，如没有基于安全等其他因素而进行特别约定，开发商一般无权对业主的再次转让或出租地下车位行为进行干涉。如果在后续经营过程中，地下车位被再次转让给第三方，之前开发商将地下车位使用权永久转让的业务，视为租赁还是转让，其转让收益的分享将完全不同。如视为转让，则二次转让的收益应由业主享有，开发商并不能分享；如果视为租赁，开发商作为出租标的物的实际拥有方，转让的收益应该由开发商享有。表1总结了地下车位转让与租赁的差异。

表1　地下车位转让与租赁的差异

项目	销售行为	租赁行为
价款总额	与完整产权相同或接近	一般根据折旧成本及市场租金定价
付款方式	一次性或分数期付款（与期限无关）	根据租赁期按固定周期付款
合同期限	永久	不得超过20年
使用方式差异	销售方收费后，已将全部后续收益和风险予以转移，且不提供后续服务（超出保修期不再有无偿保养维修义务等）；购买方享有完全的使用权和控制权，享有后期的所有剩余权益	出租方分期收费，在租赁期需继续对租赁物有无偿保养维修义务；承租方需按照合同约定使用租赁物，不得改变租赁物的用途，不承担风险，不享有租赁到期后的剩余权益
权利处分	买受人对标的物享有处分权	承租方对租赁物不享有任何处分权

四、司法判例

部分司法判例也从另一角度间接地予以佐证。

（1）（2015）佛顺法行初第53号《行政判决书》认为：人防车位的使用合同，从合同支付的价款、付款方式、使用期限、使用方式、权利的处分方式等条款内容上分析，本质上属于财产权利让渡合同，即合同法规定的买卖合同，转让的标的包括车位的使用权和处分权，是一种复合型的财产权利……应当认定原告所签订的人防工程车位使用合同的真实意思表示符合人防工程车位使用权转让合同的性质。

(2)（2014）豫法行终字第 00042 号《行政判决书》认为，从转让地下车位合同双方约定的合同名称、合同价款、付款方式、权利期限、权利处分方式以及有关经营权的内容来看，属于财产权利让渡合同。涉案合同没有约定租赁物的租赁期限、租金及其支付期限和方式等内容，转让的权利期限还超过二十年，这些均不符合法律规定的租赁合同特征。

对于上述两个判例，可以发现，法院认可了开发商即使没有获得人防设施改建的地下车位的产证登记，也在事实上拥有了产权，并可以予以转让。

五、政策建议

由此，我们可以发现，如果开发商在合规，或者政策、法规并未禁止的前提下，转移了通过规划、由开发商自行建造或利用人防设施改造的地下车位以及与车位相应的风险与报酬，获得了业主在短期内给付完毕的对价，且地下车位产权组合流转给业主。整个业务过程与租赁业务的概念、适用范围和业务实质存在较大差异。所谓的根据《合同法》，租赁期限不得超过二十年，所以处理地下车位只能是租赁的逻辑，恰恰忘记了《合同法》此条款得以应用的前提是先要确定有租赁业务发生，再判断业务的时间跨度是否违规，否则将会出现因果颠倒。开发商将地下车位的权利组合流转给业主的业务实质更趋向于财产权利转让,而不是租赁。

对于无产证地下车位在转让过程中无法办理产权登记是否会影响到土地增值税的适用,本文认为,根据《国家税务总局关于未办理土地使用权证转让土地有关税收问题的批复》(国税函〔2007〕645号)文件的精神:"土地使用者转让、抵押或置换土地,无论其是否取得了该土地的使用权属证书,无论其在转让、抵押或置换土地过程中是否与对方当事人办理了土地使用权属证书变更登记手续,只要土地使用者享有占有、使用、收益或处分该土地的权利,且有合同等证据表明其实质转让、抵押或置换了土地并取得了相应的经济利益,土地使用者及其对方当事人应当依照税法规定缴纳营业税、土地增值税和契税等相关税收。"是否计缴土地增值税,还是应看开发商有无实质转让地下车位的永久使用权或其他形式的产权组合并取得相应的权利和经济利益。在转让过程中是否可以办理登记手续只是进行判断的辅助手段,不应影响对业务实质的判断。

后　记

本书缘起于 2019 年 3 月在北京举行的"T20＋1 第一次专题会议暨房地产行业财行税不确定事项调研会"。会议通过汇集、筛选 T20 各成员单位的问题，最终确定了具有行业共性的涉及财行税的六个房地产问题进行了汇报、讨论。

与会人员一致认为，本次会议十分成功，T20 各成员单位的集体研究成果不应该随着会议的结束而湮没。张剀老师在会议中建议，以本次会议的问题为主，再系统地进行完善和丰富，将 T20 的研究成果回馈给社会。

在本书前期的纲要论证过程中，张海武老师、苗夯老师、杨樱老师、何杰伦老师、李良平老师、李春苗老师积极参与讨论，初步形成了本书的框架。在上海会议中，汇总了各成员单位确定的研究题目，参会成员对各自确定的论文大纲进行初步探讨。在顺德会议上，T20 最终确定了各成员单位最终承担的课题，并按地域分为北京、上海、广东三个研究小组，各小组负责对其他小组的初稿进行交叉审核。李春苗老师带领北京组成员单位就 T20 分配的部分稿件进行了多轮次的集体研讨；吴成老师带领上海组对 T20 分配的部分初稿进行反复研讨，上海组的集体讨论会邀请了国家税务总局税务干部学院陈玉琢教授参会、把关，为稿件的后期完善提供了高质量的分析建议。杨樱老师带领广东组进行了多轮次的缜密研究，各成员单位对初稿精益求精，反复打磨，为最终成稿提供了多视角的参考意见。

本书在编写过程中，首先要感谢潘震老师带领多位房地产行业税收专家花费大量的时间协助我完成了前期的议题筛选工作。还要感谢吴中兵老师、管有冬老师、陈樑老师、张海武老师对本书编写过程中召开的数次业务会议给予大力支持。

之后，经过北京、上海和广东组多轮研究后，修改形成稿件，田海涛老师、徐永辉老师、朱光磊老师、汪道平老师和魏斌老师、吴东明老师、孙洋老师对分组和汇总的稿件进行了审阅；合肥市税务局的沈超老师对本书进行了政策方面的把握。

最后，再次对参与本书编写、审阅的各位老师表示感谢！

感谢合肥市税务局、合肥市国际税收研究会在本书编写过程中给予的支持！

感谢中国大企业税收研究所！

感谢中国人民大学出版社！

王　庆

图书在版编目（CIP）数据

税收不确定性：土地增值税疑难案例解析及政策建议 / 中国大企业税收研究所组编；王庆主编. -- 北京：中国人民大学出版社，2024.4
ISBN 978-7-300-32495-1

Ⅰ.①税… Ⅱ.①中… ②王… Ⅲ.①房地产企业－土地增值税－税收管理－中国 Ⅳ.①F812.423

中国国家版本馆 CIP 数据核字（2024）第 013902 号

税收不确定性
——土地增值税疑难案例解析及政策建议
中国大企业税收研究所　组编
王　庆　主编
Shuishou Buquedingxing
——Tudi Zengzhishui Yinan Anli Jiexi ji Zhengce Jianyi

出版发行	中国人民大学出版社		
社　　址	北京中关村大街 31 号	邮政编码	100080
电　　话	010-62511242（总编室）	010-62511770（质管部）	
	010-82501766（邮购部）	010-62514148（门市部）	
	010-62515195（发行公司）	010-62515275（盗版举报）	
网　　址	http://www.crup.com.cn		
经　　销	新华书店		
印　　刷	天津中印联印务有限公司		
开　　本	720 mm×1000 mm　1/16	版　次	2024 年 4 月第 1 版
印　　张	14.75 插页 1	印　次	2025 年 1 月第 2 次印刷
字　　数	142 000	定　价	68.00 元

版权所有　侵权必究　印装差错　负责调换